Impressum:

Besuchen Sie uns im Internet:
www.papierfresserchen.de

Bearbeitung: CAT creativ - www.cat-creativ.at

im Auftrag von

© 2024 – **Papierfresserchens MTM-Verlag**
Mühlstraße 10 – 88085 Langenargen
info@papierfresserchen.de
Alle Rechte vorbehalten.
Erstauflage 2024

Coverbilder: KI generiert nach Anweisung der Herausgeberin,
Fotos Innenteil: © privat und bei den jeweiligen
Autorinnen und Autoren

Druck: Bookpress / Polen

ISBN: 978-3-99051-298-2 - Taschenbuch
ISBN: 978-3-99051-299-9 - E-Book
ISBN: 978-3-99051-300-2 - Hörbuch

Mein erstes Auto
... und ich

Geschichten von der Liebe

auf vier Rädern

Herausgegeben von

Martina Meier

... und ich - Die Reihe

In der Reihe „... und ich" sind bislang zehn Bände erschienen, weitere sind in Planung oder bereits ausgeschrieben. Diese und weitere Ausschreibungen finden Sie unter
www.papierfresserchen.de.

Inhalt

Autorinnen und Autoren

Andreas Herkert-Rademacher

Ann-Kathleen Lyssy

Charlie Hagist

Claudia Engelhardt

Doreen Pitzler

Dörte Müller

Florian Geiger

Gabriele Lengemann

Gerhard P. Steil

Hannelore Futschek

Ines Reimer

Jana Schultz

Julia Kohlbach

Juliane Barth

Karina Luger

Karl-Heinz Richter

Kathrin Samar

Kurt Blessing

Luna Day

Michaela Lipp

Monika Link

Oliver Fahn

Oliver Miller

P. C. Fischer

Pamela Murtas

Petra Jonas

Sabrina Nickel

Sonja Dohrmann

Thordis Ziemons

Ulli Krebs

Ulrike Müller

Valerie

Vanessa Boecking

Volker Naylor

Wolfgang Rödig

Wolfgang ten Brink

Zero Alala

... und demnächst in dieser Reihe

„**Mein Opa ... und ich**" erscheint Ende 2024 in der Reihe „... und ich". Abenteuer und Weisheiten aus einer anderen Zeit – jeder Tag mit Opa war ein neues Abenteuer! Ihm fiel immer etwas ein, was wir zusammen unternehmen konnten. Er nahm mich mit in seine Werkstatt, wo ich mit Säge und Hammer schon als Vierjähriger hantieren durfte.

Mein Opa ... und ich

Geschichten voller Liebe und Erinnerung

Das Buch möchte von aufregenden Ausflügen und ruhigen Nachmittagen erzählen, eine Sammlung von Erinnerungen und Geschichten sein, die die einzigartige Verbindung zwischen Enkel, Enkelin und Großvater sein. Lassen Sie unsere Leserinnen und Leser teilhaben an den humorvollen, spannenden und berührenden Episoden, die zeigen, wie viel wir von der Weisheit und den Erfahrungen älterer Generationen lernen können. Ein Buch, das nicht nur zum Schmunzeln bringt, sondern auch das Herz wärmen und inspirieren soll

Wie immer bei den Anthologieprojekten des Verlags gilt: Es dürfen Erzählungen oder Märchen, Kurzgeschichten und Tatsachenberichte, Gedichte, Haikus ... eingereicht werden. Es dürfen auch wieder Fotos und Illustrationen eingeschickt werden. Einsendeschluss für alle Texte ist am 1. November 2024.

Infos unter www.papierfresserchen.de.

Möwensehnsucht

Freitagmorgen und die Frühjahrssonne schien vom wolkenlosen Himmel. Ich fuhr mit dem Auto zur Arbeit und freute mich aufs Wochenende. Es war einiges los auf den Straßen – wie immer um diese Zeit. Kaum war ich angefahren, sprang schon wieder eine der lästigen Ampeln auf Rot. Ich hielt an, schob die neue Kassette von Supertramp ein und sang mit. Ich hatte noch ausreichend Zeit bis zum Arbeitsbeginn, es war gemütlich und warm im Wagen und der Motor schnurrte freundlich vor sich hin.

Mit einem Mal schoss mein Käfer nach vorn und stieß gegen ein Mofa, das vor mir an der Ampel wartete. Der Fahrer drehte sich um und warf mir einen vorwurfsvollen Blick zu.

Man mag zu Recht behaupten, dass ich keine gute Autofahrerin bin und nie war, aber diesmal traf mich keine Schuld. Ein unaufmerksamer Mensch war ungebremst auf meinen stehenden Wagen aufgefahren und hatte ihn nach vorn geschoben.

Es war das Jahr 1978. Kopfstützen und Gurte hatte das Auto nicht, trotzdem blieb ich bis auf ein Schleudertrauma unverletzt. Der Motorraum des zehn Jahre alten VW-Käfers hingegen wurde völlig zusammengeschoben und die Haube vorn war eingedrückt vom Zusammenstoß mit dem Mofa.

„Nix mehr zu machen", stellte der Mann vom Abschleppdienst fest und niedergeschlagen sah ich zu, wie sie meinen schwer verletzten Liebling aufluden und abtransportierten.

Die VW-Werkstatt bekam ihn dann doch einwandfrei wieder hin, der Käfer hatte, selbst wenn er betagt war, einen hohen Wiederbeschaffungswert. Ich freute mich sehr und hing noch mehr an ihm.

Das erste Auto brauchte auch einen Namen. Meines hieß Möwe, weil es weiß war und elegant und sehnsüchtig nach der Ferne.

Mit ihren 34 PS war Möwe ein sogenannter Sparkäfer. Wenn man sie leergefahren hatte, ließ sich ein Hebel neben dem Gaspedal umlegen und fünf weitere Liter Benzin sicherten den Weg bis zur nächsten Tankstelle.

Zu meiner Zeit gehörte der Führerschein zum achtzehnten Geburtstag wie der Wind zum Meer. Wir düsten überall hin mit unseren ersten Autos und parkten sie direkt vor der Schule.

Um zur Fahrprüfung zugelassen zu werden, benötigte ich stolze 28 Fahrstunden, die Stunde kostete damals 17,50 Mark, umgerechnet also 8,85 Euro. In der Nacht vor der Prüfung fand ich vor Aufregung keinen Schlaf. Morgens schleppte ich mich mit Magenschmerzen zum TÜV und wartete nach dem Bestehen des schriftlichen Tests mit den anderen Absolventen im Café Angst – das hieß tatsächlich so – auf die eigentliche Fahrprüfung. Auf wundersame Weise klappte alles.

Möwe wartete zu Hause zugelassen und startbereit in der Einfahrt, ihr Kennzeichen weiß ich bis heute.

„Nimm mich mit", bat mein zwölfjähriger Bruder und rutschte auf den Beifahrersitz. Ich startete, fuhr souverän an und ratschte beim Verlassen des Grundstücks mit der Beifahrertür am Betonpfeiler des Einfahrttores entlang.

„Das gibt Ärger!" Meinem Bruder stand der Schreck ins Gesicht geschrieben. Für den Autokauf und den Führerschein hatte meine Mutter einen Großteil ihrer Ersparnisse geopfert.

Im Haus gegenüber öffnete sich im ersten Stock ein Fenster und die Nachbarin lehnte sich weit hinaus. „Gabi, du musst beim Rausfahren zunächst ein Stück geradeaus fahren und dann erst einschlagen. Der hat einen Wendekreis wie ein Panzer", schrie sie zu mir herüber.

Ich nickte stumm. Was sollte ich auch sagen?

Ich fuhr einfach los. Raus aus der Stadt und über Land, bis die Tankfüllung zur Neige ging. Ich hatte Angst, meiner Mutter gegenüberzutreten, und es gab dann wie erwartet richtig Ärger.

Freunde haben versucht, die kleine Delle in der Tür zu glätten und zu lackieren, aber Möwe behielt diesen Schönheitsfehler.

Ansonsten blieb sie makellos, charakterfest und zuverlässig, das eine oder andere Mal bin ich mit ihr ans Meer gefahren, dorthin, wo die anderen Möwen waren.

Ich brachte sie ohne Probleme über den TÜV und fuhr sie insgesamt vier gute Jahre. Dann habe ich sie fast für den Anschaffungspreis an einen Fahranfänger weiterverkauft, der sie ebenfalls noch einige Jahre fuhr.

Die Trennung fiel schwer, aber mich lockte ein quietschgelber BMW 1502, auch ein herrliches Auto.

In die heutigen Autos kann ich mich nicht verlieben. Ich finde, sie sehen langweilig aus, austauschbar. Und sie haben alle diese abgeflachten Scheinwerfer, die sie so dümmlich und verschlagen wirken lassen.

Da meine Fahrkünste nicht besser geworden sind im Laufe der Jahre und ich mein Glück schon überstrapaziert habe, bin ich heute eher zu Fuß, mit dem Rad oder mit Bus und Bahn unterwegs.

Bisweilen sieht man noch einen der alten VW-Käfer, gut erhalten und gepflegt, die Straße entlangtuckern. Dann fallen mir die zahlreichen tollen Käfer ein, die in meiner Familie und im Freundeskreis gefahren wurden. Orange, Gold, Rot, Braun – so viele Farben waren da vertreten.

Am allerschönsten aber, am allerallerschönsten war ein weißer, der mir gehörte und den ich Möwe nannte. Wenn ich an den denke, wird mir ganz warm ums Herz.

Gabriele Lengemann *wurde 1957 in Kassel geboren. Sie lebt immer noch dort, ist verheiratet und hat einen Sohn. Seit einigen Jahren schreibt sie Kurzgeschichten, von denen bereits einige veröffentlicht wurden.*

Der Käfer

Ich trug mein neues Sommerkleid und hüpfte von einem Bein aufs andere.

„Sie kommen!", jubelte Paulchen.

Ich spähte über den Gartenzaun und staunte Bauklötze. Das Auto, das auf uns zukam, war quietschorange und glänzte wie eine Christbaumkugel. Lachend winkte uns Onkel Bernd vom Beifahrersitz aus zu, am Steuer saß seine neue Freundin. Das war sie also, die Rosi! Chic war sie in ihrem geblümten Minirock – und erst ihr Buckelporsche!

Als wir unterm Kirschbaum Sahnetorte aßen, fragte uns Rosi: „Wollt ihr mit uns eine kleine Spritztour machen?"

Ich lächelte mein Zahnlückenlächeln. Klar wollten wir!

Fröhlich kletterten Paulchen und ich auf die Rückbank, und los ging die Fahrt ins Blaue. Während aus dem Autoradio unsere Lieblingsschlager tönten, trat Rosi kräftig aufs Gaspedal und der Motor heulte auf. Ich schaute zu Paulchen und wir grinsten uns an.

Im Nu ließen wir saftige Blumenwiesen und Getreidefelder hinter uns, brausten über asphaltierte Landstraßen und durch Nadelwälder hindurch – immer weiter die Schwarzwaldhochstraße entlang. Am Mummelsee spendierte uns Rosi ein großes Schleckeis und eine gelbe Limonade. Damit eroberte sie unsere Herzen im Sturm.

Immer öfter durften Paulchen und ich auf die Rückbank des Käfers klettern und immer wartete irgendwo am Ziel eine Überraschung auf uns: ein Besuch im Kakteengarten oder im Tiergehege, eine Portion Pommes oder eine Zitronenlimonade.

Als Bernd und Rosi heirateten, waren Paulchen und ich überglücklich. Endlich gehörte der VW-Käfer richtig zur Familie! Als das Auto in die Jahre gekommen war und Rosi einen neuen Besitzer für ihn gefunden hatte, ging eine Ära zu Ende.

Noch heute höre ich den unverwechselbaren Käfer-Sound, sehe das satte Orange vor mir und spüre Melancholie. Schließlich war der VW-Käfer das erste Automobil, das in unserer Familie Einzug gehalten hatte.

Ulrike Müller, *1964 geboren, vierfache Mutter, wohnt mit ihrer Familie nahe Baden-Baden. Hobbys: ihr Garten, Nähen, (Vor-)Lesen, Clownerie und Schreiben von Kurzgeschichten und Gedichten.*

Die große Liebe

Ach, es ist schon lange her,
so was wie dich gibts heut nicht mehr.
Klein und wendig, etwas verbraucht.
Du hast auch gern manchmal geraucht.
Du warst einst die Welt für mich,
ja, ich glaub, ich liebte dich.
Warst zwar manchmal etwas laut,
doch du warst mir so vertraut.
Eine Beule hier und da,
du warst einfach wunderbar!
Wir beide auf dem Weg zum Meer,
die Erinnerung fällt mir nicht schwer.
Auf jedem Foto bist du drauf,
so manchen Berg kamst du hinauf.
Meine Freunde sahen uns nach,
bis die Windschutzscheibe brach.
Dann gings bergab, das war mir klar,
du warst zu alt, das wusst ich ja.
Ich hab geschraubt und repariert
und dachte: „Wenn es jetzt passiert!"
Und dann mussten wir uns trennen,
ich hörte nicht mehr auf zu flennen.
Ersatz für dich konnt ich nie finden,
ich ritze dich in viele Rinden.
I love you more than I can tell –
mit dir fuhr ich niemals zu schnell.

Dörte Müller, geboren 1967, schreibt und illustriert Bücher für Kinder.
Ihr erstes Auto war ein Suzuki Swift, der aber nicht sehr alt geworden ist.

Muckele

Ciao Bellas, lasst euch erzählen von dieser Frau, die mich 1984 gekauft hat. Aus dem Himmel der Fiats erzähle ich euch von ihr, inzwischen bin ich ein Recycling-Engelchen mit vier Räder-Flügelchen geworden.

Ich war gelb wie ein Postauto, als sie mich fand, ein junges Ding mit wenig Geld. Sie war ängstlich und hatte ihren damaligen Freund dabei, dass er mich mit ansah. Zuvor war ich schon von Michaelas Vater gemustert worden und als akzeptabel eingestuft worden.

Michaela ließ mich feuerwehrrot lackieren.

Ich sah so toll aus!

So stand ich da, ein 126er Fiat, ein kleines rotes Auto mit vielen Fehlern und ein paar Schlüsseln. Einen für die Fahrertüre, einen für den Tankdeckel, einen für die Motorhaube und einen für die Beifahrertüre. Ach ja, und noch einen zum Starten des Motors. Doch ich hatte einen Start-Hebel und einen Choke-Hebel.

Mich zu starten, war oft ein … Bergrunterrollen oder Anschieben … also ein Kinderspiel. Aber Michi hat es immer geschafft. Sogar als ich ihr den Streich mit dem gerissenen Gaspedal gespielt habe. Da habe ich mich einfach fallen lassen und Michi fuhr alleine mit Choke heim. Mit viel Schwung ging es den Berg zu Hause hoch – bis oben an der Kurve zur letzten Straße.

Ich war für sie ihr erstes Auto, sie nannte mich zärtlich *Muckele*. Wir hatten Hund mit dabei, ihr Stofftier. Er lag die ganzen Jahre auf der Hutablage und schaute hinten hinaus. Er blich etwas aus, aber er war genauso treu wie ich, nein, noch treuer. Ich fühle noch heute ihre Finger an mir, wie es war, wenn sie das Lenkrad in den Händen hielt. Wenn sie meinen Kofferraum belud, passte eine Kiste Bier hinein, ohne Kiste allerdings. Auch zwölf Liter Saft gingen gerade so direkt über den Füßen der Fahrerin und des Beifahrers hinein.

Der Motor war hinten, und ich schob mich immer mit meinen 23 PS über alles hinweg. Aber einmal hat sie mich unterschätzt, ich fühle mich heute noch schuldig:

Wir fuhren morgens um fünf an einem Samstag zur Arbeit. Die Straße war frei und leer. Mit Anlauf schafften wir die 100 km/h, die wir fahren durften, als ein Lastwagen vor uns auftauchte. Mutig hat Michi diesen Lkw überholen wollen, doch es war einer mit Anhänger, also fuhren wir eine längere Zeit neben ihm her, als der Gegenverkehr kam. Ein Lkw von vorn! Ich wurde von ihr gebremst, der Laster neben mir bremste auch, deshalb wurde ich von einem beherzten Tritt aufs Gaspedal wieder beschleunigt. Ich gab, was ich konnte, mir rann der Angstschweiß vom Fenster.

Ich heulte auf, Michi schrie! Der Lkw neben mir fuhr etwas nach rechts und der entgegenkommende nach links. Michi hielt das Lenkrad fest, schloss die Augen und betete laut: „Lieber Gott, hilf Muckele und mir." Dann waren wir durch diesen Engpass. Ich glaube, das hat keiner der Lastwagenfahrer jemals vergessen, Michi auch nicht. Und ich vergesse das sicher niemals.

Wie oft war ich beladen durch Mitfahrerinnen. Das waren manchmal mit Michi noch vier Arbeitskolleginnen. Dann fuhr ich sehr vorsichtig und etwas langsamer. Wir wurden auch nie geblitzt. Hihi!

Es gibt noch eine Erinnerung: Michi hatte mich sehr knapp an einer Mauer geparkt, es ging etwas schwer, aber da Schnee lag, dachten wir, es ist eine Schneewehe. Irrtum, ich rutschte an die Mauer. Mit ihrem Chef zog und hob mich Michi wieder auf die Straße. Ich hatte nur ein paar kleine Kratzer. Ein Nagellack in der gleichen Farbe hat dann alles überdeckt.

Ein anderes Mal habe ich die Motorhaube, also das Ding hinten dran, immer wieder aufgemacht. Bei jeder Ampel stieg Michi aus und klappte sie zu. Und beim Anfahren klappte ich sie wieder auf. Ja, wir hatten viel Spaß in unseren gemeinsamen Jahren.

Sie ist eine Kämpferin – genauso wie ich!

Michaela Lipp, Jahrgang 1965. geboren in Deutschland, verheiratet in Österreich, lebt in Pottenbrunn. Veröffentlichungen als freie Autorin: Kinderbücher „Träumschön und Schlafgut mit BabyMaus Band 1 und Band 2" (Band 2 als Wendebuch in Deutsch und Englisch), „Jani, der Herbstschmetterling"(als Wendebuch in Deutsch und Englisch); Jugendbuch: „Gut Regenbogen"; Bücher für Erwachsene: „Krokodile sind grau" und „Labyrinth der Fantasie"(Kurzgeschichten), „Stroke Unit" (Aufarbeitung ihres Schlaganfalls), „Carla" (Liebesroman).

Joko

Ich besaß den dunkelgrünen Suzuki, Joko genannt, erst seit einem Jahr. Vater hatte ihn mir gekauft, weil er nicht wollte, dass ich abends allein von der Stadt nach Hause fuhr.

Wieder einmal hatte mir Tante Adele eine Karte für die Staatsoper überlassen. „Ich fühle die Kälte in meinen alten Knochen und ich denke, es kommt auch bald der erste Schnee!", hatte sie erklärt. Damit drückte sie mir die Karte in die Hand. Sie wusste, dass sie mir damit eine besondere Freude machte, stand doch *Madame Butterfly* auf dem Programm.

Hastig stieg ich hinauf zum ersten Rang, gab Mantel und Regenschirm bei der Garderobe ab und suchte nach meinem Platz. Während ich die Sitzfläche nach vorne klappte, überfiel mich ein angenehmes Gefühl der Erleichterung.

Gerade noch ehe der graue, von Regenwolken bedeckte Himmel seine Schleusen öffnen wollte, hatte ich einen Parkplatz auf der Albrechtsrampe gefunden. Die paar Meter zum Haupteingang der Oper war ich dann gelaufen, denn der Wind fegte bereits tüchtig durch die abendliche Innenstadt.

Als das Licht der schweren Kristallleuchter schwächer wurde und sich der eiserne Vorhang mit dem Bildnis von Orpheus und Eurydike majestätisch nach oben bewegte, versiegte das Gemurmel der Menschen und die Ouvertüre setzte ein.

Dann hob sich auch der rote Samtvorhang. Das Bühnenbild kam zum Vorschein. Im Vordergrund eines japanischen Gartens befand sich ein kleines Häuschen mit Fenstern aus Pergamentpapier. Die Scheinwerfer beleuchteten den kleinen Garten, dass man meinen konnte, es schiene die Sonne. Ein etwas futuristisches Holzgestell sollte anscheinend einen Kirschbaum darstellen. Im Hintergrund konnte man das Meer erkennen.

Leutnant Linkerton und der Heiratsvermittler Goro traten auf. Zu den beiden Startenören gesellte sich alsbald ein Bariton. Ich kannte den Inhalt der Puccini-Oper gut. Musik war und ist mein Hobby.

Als am Ende des ersten Aktes die Liebenden in seliger Umarmung auf der Bühne versanken, sank auch der rote Vorhang herab.

Während ich überlegte, ob ich mir eine Tasse Kaffee kaufen sollte, fiel mein Blick durch die hohen, alten Fensterscheiben auf die Ringstraße. Oh Gott, was war das denn? Alles weiß und es schneite wie verrückt. Tante Adele hatte recht mit ihrer düsteren Prophezeiung.

Als die Pausenglocke dezent den Beginn des zweiten Aktes ankündigte, ertappte ich mich, dass ich wohl beim Buffet stand, aber nichts bestellt hatte.

Die Kulisse zeigte nun das Innere des Hauses. Am Boden verstreut lagen eine Menge bunter Kissen. Während die Geisha, ihr kleiner Sohn und die Dienerin Suzuki vor sich hinsingend auf Linkertons Rückkehr warteten, musste ich an meinen Suzuki denken. Armer Joko, ganz allein im Schnee!

In der zweiten Pause eilte ich sofort wieder zu den hohen Fenstern. Nach wie vor fielen dicke Flocken vom Himmel. Man konnte bereits eine zehn Zentimeter hohe Schneedecke erahnen.

Welch ein Glück, dass mein alter Suzuki ein richtiges Geländeauto war. Bis auf die Tatsache, dass im vergangenen Winter einmal das Türschloss eingefroren war, hatte mich Joko noch nie im Stich gelassen. Vorsorglich hatte ich seit diesem Zeitpunkt immer ein kleines Enteiser-Spray in meiner Manteltasche, sobald die Temperaturen gegen null gingen.

Dritter Akt! Die musikalische Tragödie steuerte ihrem Höhepunkt entgegen. Madame Butterfly, genötigt durch das Auftreten von Linkerton, der ihr ihr Kind wegnehmen will, begeht Selbstmord. Es folgen Applaus, Verbeugungen, danach fiel der Vorhang.

Rasch noch eine Träne aus dem Gesicht gewischt, steuerte ich zur Garderobe. Ich schlüpfe in meinen Wollmantel und fuhr zur Sicherheit in die linke Manteltasche. Ja, da war das kleine Spray. Joko konnte sich kaum einer Heimfahrt durch das winterliche Wien entziehen.

Als ich auf die Straße trat, schlug mir kalte, aber frische Luft entgegen. Ich begann den Aufstieg auf die Albrechtsrampe, einem Überrest der alten Wiener Bastei.

Vorsichtig setzte ich Schritt für Schritt in den knöcheltiefen Schnee. Ah, da war ja mein Auto! Im Fond hatte ich Besen und Schaufel. Damit konnte ich ja flink die weiße Pracht entfernen. Erwartungsvoll steckte ich den Schlüssel ins Türschloss. Natürlich! Das

Schloss war wieder einmal zugefroren. Damit hatte ich beinahe gerechnet. Ach Joko!

Ich befreite mit bloßen Händen das Türschloss der Fahrertür vom Schnee und feuerte eine geballte Ladung des Sprays in das Schloss. Mir war klar, dass ich einige Minuten warten musste, bis sich die Flüssigkeit in allen Teilen des Schlosses verteilt hatte. Mit den Wollhandschuhen begann ich, die Schneemassen vom Dach in Richtung Fahrbahn zu schieben. Der Schnee war schwer und nass. Die Finger waren klamm, doch das Türschloss wollte noch immer nicht aufgehen. Was war los? Mein Suzuki hatte doch immer nur eine Ladung des Enteisers gebraucht! Also kehrte ich weiter mit den Handschuhen, versuchte, die Scheibenwischerblätter zu säubern, und befreite die Rückspiegel aus dem nassen Weiß. Ob die Dosis zu gering war, die ich in das Schloss gesprüht hatte? Es war doch gar nicht so kalt.

„Gut, du bekommst noch eine Ladung, aber dann öffnest du die Tür!" Ein weiteres Mal flößte ich dem Schloss der Fahrertür eine Ladung Enteisungsmittel ein, die aber keinen Platz mehr fand, sondern als kleines Bächlein entlang des Bleches hinunter auf die Straße lief.

Vielleicht war das Schloss kaputt? Sollte ich es an der Beifahrertüre versuchen? Ja, das würde vielleicht funktionieren, dann konnte ich über den Schaltknüppel kriechen und mich dann von innen gegen die widerspenstige Türe werfen. Ich schritt zur Tat, blieb aber auch auf dieser Seite erfolglos. Tränen des Zorns füllten meine Augen.

„Joko, du bist bockig!", schimpfte ich mit meinem Auto. Die meisten Besitzer hatten ihre Autos gestartet, gesäubert und waren danach in Richtung Hauptstraße gekrochen, wo die Schneepflüge versuchten, wenigstens halbwegs eine Fahrspur frei zu legen.

Plötzlich hörte ich knirschende Schritte! „Was tun Sie bei meinem Auto?", hörte ich eine forsch klingende, tiefe Männerstimme.

Panik breitete sich in mir aus. Oder war es doch nur die Kälte? Sprachlos stand ich vor dem Fremden. Ein rascher Blick in die Umgebung zeigte mir, dass ich mit dem älteren Mann ganz allein hier heroben auf der Rampe war. Er wirkte nicht unsympathisch, daher verwarf ich die Gedanken an einen Triebtäter. Er war gut gekleidet, ein weißer Seidenschal verhüllte seinen Hals und schützte ihn vor Nässe und Kälte.

„Ihr Auto? Ich ... das Schloss ist eingefroren", begann ich zu stottern und hielt zum Beweis den Enteiser-Spray hoch.

„Das kann ich mir nicht vorstellen!", entgegnete der Mann mit ernster Miene, zog seinen Autoschlüssel aus der Manteltasche, schob mich beiseite, steckte den Schlüssel in das vor Enteiser-Spray triefende Schloss und öffnete die Wagentüre. „Könnte es sein, dass Ihr Suzuki da oben als letztes Auto auf der Rampe steht?", fragte er und deutete gleichzeitig auf einen komplett verschneiten Wagen. „Haben Sie nicht auf die Nummerntafel geschaut, ehe Sie mit Ihrer Aktion begonnen haben?", erkundigte sich der Mann nun etwas freundlicher. „Jedenfalls herzlichen Dank, dass Sie meinen Wagen von den Schneemassen befreit haben!" Mit diesen Worten schwang er sich ins Innere des Fahrzeuges, startete und rollte vorsichtig und langsam das Steilstück bis zur Hauptstraße zurück.

Nach Joko, meinem ersten Auto, gab es noch mehrere Autos, aber diese Geschichte wird mir ewig in Erinnerung bleiben. Ähnliches kam nicht mehr vor, aber unzählige andere Dinge passierten.

Hannelore Futschek wurde 1951 in Wien geboren. Nach Matura und Studium heiratete sie und zog mit ihrem Mann und den beiden Kindern 1984 ins niederösterreichische Weinviertel. Heute lebt sie im steirischen Salzkammergut. Sie übte mehrere Berufe aus, unter anderem als Bankangestellte, Bestatterin und Angestellte im Arbeitsmarktservice. Seit der Pensionierung widmet sie sich wieder vermehrt der Aquarell- und Acrylmalerei und dem Schreiben. Vorerst waren es nur Kurzgeschichten. Später hat sie das Spektrum um Romane erweitert, die Liebesgeschichten, Biografien und Krimis zum Thema haben. Bei Anthologien verschiedener Verlage wurden schon unzählige Kurzgeschichten veröffentlicht.

Gipsy King – blue arrow

Ein angstvoller Schrei ließ mich zusammenfahren und kurz blickte ich in den Rückspiegel des Fiat Tipo. Die junge Frau auf dem Rücksitz schaute nahezu panisch, ihr Gesicht war kreidebleich. Zugegeben, das war gerade ziemlich knapp gewesen, aber doch noch lange kein Grund, so hysterisch zu reagieren. Nach ein paar Vollbremsungen und kritischen Blicken seitens meines Fahrlehrers setzten wir die ziemlich mitgenommene Fahrschülerin schließlich ab. Mein Beifahrer brummte: „Dann mal weiter. Du fährst privat einen 112 Autobianchi, nicht wahr? Vergiss nicht, dass der etwas schmaler ist als dieses Auto hier."

Und weiter ging die Fahrstunde. Wie immer schaute mich der Fahrlehrer mit hochgezogener Augenbraue an, wenn ich an einer roten Ampel oder einem Stoppschild hielt. Auf meinen fragenden Blick hin meinte er dann: „Warum hältst du? Wenn keiner kommt, dann fahr. Es genügt, wenn du dich während der Fahrprüfung an die Regeln hältst."

So war das mit dem Fahrunterricht in Mailand. Auch außerhalb der Fahrschule sammelte ich stets in Begleitung meiner Eltern weitere Erfahrung am Steuer, was der sogenannte foglio rosa zuließ. Mein Vater hatte kurz zuvor einen 112 Autobianchi zu einem guten Preis erworben und dieses Auto machte einfach alles mit!

Die Fahrprüfung war von kurzer Dauer. Bei der Frage, wer denn als Erster geprüft werden wollte, traten alle Anwesenden sogleich einen Schritt zurück. Nur ich reagierte zu spät und so durfte ich sofort ran. Da wir noch auf ein weiteres Auto der Fahrschule warten mussten, sollte ich schon einmal einparken und anschließend wenden. Damit war ich zur Empörung aller anderen auch schon durch.

Kaum dass ich die Fahrprüfung bestanden hatte, kümmerte ich mich um die Umgestaltung meines Wagens. Die eigentliche Farbe war laut Autopapieren carta da zucchero, was einem hellgräulichen Himmelblau entspricht. Neben Flammen hinter allen vier Reifen bemalte ich das Auto mit Tigern, Pferden und Adlern. Außerdem schrieb ich den Namen auf die hintere linke Seite: *Gipsy King – blue arrow*. Um mit solch einem Auto an einer deutschen Schule aufzukreuzen, verlangte es an Mut, doch es war mir egal, dass meine verwöhnten Schulkameraden das Gesicht beim Anblick von Gipsy King verzogen. Zwar konnte der Autobianchi sicher nicht mit all diesen teuren Schlitten meiner Mitschüler mithalten, dennoch verlieh er mir das Gefühl von Freiheit. Mit Gipsy King hätte ich die Welt erobern können.

Ich erinnere mich an eine Episode nach einer Geburtstagsfeier im Mailänder Hinterland. Zwei meiner Klassenkameraden meinten, mich mit ihrem Peugeot 205 GTI herausfordern zu müssen, und versuchten andauernd, mich auf der Landstraße zu überholen. So etwas kratzte natürlich an meinem Stolz. Ich wurde übermütig und verhinderte jedes ihrer Überholmanöver. Vermutlich lag es eher daran, dass ich diese kurvigen Straßen wie meine Hosentaschen kannte, da diese ebenfalls zur Reitanlage führten, die ich seit Jahren besuchte, dennoch war es eine wahre Genugtuung, diese Schnösel bis zur geradlinigen Schnellstraße zappeln zu lassen.

Kurz nach meinem Abitur wurde mein Vater nach Moskau versetzt und so stand ein riesiger Umzug bevor. Viele Dinge sollten unter anderem nach Sardinien gebracht werden. So fuhren meine Eltern mit ihrem voll beladenen Wagen los und ich folgte ihnen mit einem ebenfalls vollgestopften Gipsy King. Beifahrerin war meine Wasserschildkröte Susi. In Genua ging es dann abends auf die Fähre, und als wir schließlich am nächsten Morgen auf Sardinien ankamen, machte es mit dem Autobianchi erst so richtig Spaß. Die kurvenreichen Straßen sorgten dafür, dass ich den großen, langen Croma meiner Eltern schnell abhängte – und vermutlich war Susi ziemlich froh, als wir unser Ziel endlich erreichten.

Ich denke, dies war wohl einer der schönsten Sommer, den ich auf Sardinien erleben durfte. Mit Gipsy King erkundete ich die Gegend, war manchmal bis zum Morgengrauen unterwegs und hatte einfach Spaß am Fahren. Oft waren die Straßen nicht asphaltiert, voller Schlaglöcher und teils so zugewachsen, dass Dornen und Äste geräuschvoll am Auto entlangkratzten. Oder es ging durch die sandigen Wege vorbei an den Dünen Piscinas' bis hin zu den verlassenen Minen Ingurtosus. Hier führte der holprige Weg durch einen Fluss hindurch, was für Gipsy King kein Problem darstellte. Mit zwanzigtausend Lire war der Tank damals voll, im Radio lief stets eine meiner selbst zusammengestellten Kassetten, Klimaanlage gab es keine, doch es langte, wenn man die Fenster herunterkurbelte und den Fahrtwind genoss. All diesen elektronischen Schnickschnack, der heutzutage zur Grundausstattung zählt, gab es damals nicht, das Wort Navi oder Google Maps waren ebenfalls Fremdwörter. Man verfuhr sich halt mal, fragte nach dem Weg oder schaute schlimmstenfalls auf die Straßenkarte – ans Ziel kam man dennoch immer.

Doch ein Umzug stand ja bevor und Gipsy King sollte auf Sardinien verkauft werden. Es brach mir beinahe das Herz und die letzte Fahrt war die schlimmste aller Fahrten.

Ich bin meinem Autobianchi sogar noch einmal Jahre später zufällig begegnet: Und zu sehen, dass es meinem vierrädrigen Freund noch gut zu gehen schien, machte mich glücklich.

Auch ich verbrachte mehrere Jahre in Moskau, wo ich einen weißen Niva fuhr. Die Fenster gingen nur schwer und mit der Hilfe eines kleinen Hammers herunterzukurbeln, Servolenkung gab es nicht und das Auto rostete ziemlich schnell. Dennoch erinnere ich mich dran, dass ich mit dem Niva eine nicht enden wollende Treppenreihe hinabgefahren bin, um auf eine Hauptstraße zu gelangen.

In Moskau hatte man stets eine Stange Zigaretten dabei, da die Miliz besonders gern die Autos mit rotem oder gelbem Nummernschild anhielt. Wenn nicht Diplomaten, so waren es ausländische Geschäftsleute, die zur Kasse gebeten wurden, und irgendeinen Grund fanden diese Kerle immer, um die Fahrzeuge anzuhalten und Geld oder Zigaretten zu fordern. Glücklicherweise kam es nie dazu, dass auch ich jemanden auf diese Weise bestechen musste. Das einzige Mal, dass ich angehalten wurde, war ich mit Rot über eine Kreuzung gefahren und das auch nur, weil ein Bus mir die Sicht auf die Ampel versperrt hatte, während die Ampel auf der anderen Straßenseite defekt war. Nach vielen Entschuldigungen und reuevollem Blick erbarmte man sich meiner und ich durfte doch tatsächlich weiterfahren.

Ich fuhr dann noch einen treuen Nissan Primera, einen Land Rover Discovery, einen Alfa Romeo Mito und nun einen Alfa Romeo Giulietta. Mittlerweile bieten die Autos allen möglichen Komfort, doch so viel pure Fahrfreude wie mit Gipsy King habe ich nie wieder erlebt. Vielleicht liegt es daran, dass man den jugendlichen Leichtsinn verliert, das Auto mit der Zeit nicht mehr als einen treuen Begleiter und Komplizen verschiedener Abenteuer betrachtet, sondern lediglich als Gebrauchsgegenstand sieht, doch die heutigen Marken und Modelle wirken auf mich steril und sehen sich allesamt ähnlich. Sie sind Luxus pur, bieten gewiss mehr Sicherheit und besitzen Funktionen, die wir vermutlich noch nicht einmal alle kennen. Sie sind mit jeder Menge Fahr-, Park- und Warnfunktionen ausgestattet, was sicherlich auch seine Vorteile hat. Dennoch vermisse ich die guten alten Zeiten, in denen die einzelnen Modelle ein gewisses Etwas besaßen, Persönlichkeit, Charme und Charakter hatten, ja, vielleicht sogar eine kleine Autoseele.

Pamela Murtas, 1975 in Frankfurt-Höchst geboren, lebte seit ihrem zehnten Lebensjahr in Italien, wo sie an der Deutschen Schule Mailand ihr Abitur absolvierte. Nach drei Jahren Moskauaufenthalt kehrte sie nach Italien zurück, um in Rom professionellen Reitsport zu betreiben. Seit 2007 wohnt sie erneut in Deutschland. Neben ihrem vierteiligen Abenteuerroman „Destini" hat sie in verschiedenen Anthologien veröffentlicht.

Vom Weg abgekommen

Ungehalten blickte ich in den Himmel. Schnee fiel schon den ganzen Tag über vom dunkel verhangenen Dezemberhimmel. Ausgerechnet heute, am Freitag. Wo ich freitags immer einkaufen ging. Außerdem hatte ich so meine Läden. Es wäre kein Problem gewesen, morgen in den EDEKA in Oberstenfeld zu gehen, aber ich wollte zum Riegenhof. In dem kleinen, zu Mainhardt gehörenden Weiler, der etwas abseits der B34 lag, gab es das *Lädle* im Riegenhof, das nahezu alles führte, was man brauchte. Das hatte seinen Preis, aber die Qualität war gut und sie hatten neben den eigenen Produkten auch Zukaufware, sodass kein Wunsch offen blieb.

Langsam und vorsichtig verließ ich mit meinem Toyota Aygo den Parkplatz meines Arbeitgebers und machte mich, mitten im dichten Schneetreiben, auf den Weg. Die zwei Kilometer sollten doch kein Problem sein.

„Bring mich bloß heil dorthin", murmelte ich meinem Aygo zu. Immerhin war er kein Geländewagen mit Allradantrieb. Normalerweise dauerte es drei Minuten, bis man ankam, vorausgesetzt, man kam von der B34 die Ausfahrt runter, was nicht immer ganz einfach war. Die Ausfahrt zum Riegenhof war eher ein Feldweg als eine richtige Straße, die musste man genau treffen und es durfte keiner entgegenkommen, sonst konnte man ewig warten.

Diesmal hatte ich Glück. Keiner kam aus Richtung Michelfeld. Ich schlitterte mehr, als dass ich fuhr, so matschig und glatt war es. Mein kleiner Aygo fuhr wie auf Kufen. Krampfhaft hielt ich das Lenkrad fest und schlug ein, damit ich den Feldweg erwischte. Geschafft! Jetzt musste ich nur noch zum Hofladen. Vorsichtig fuhr ich durch die tiefe Dunkelheit. Keine Laterne erleuchtete meinen Weg. Da sah ich plötzlich ein Licht vor mir. Endlich hatte ich den Riegenhof erreicht. Jetzt nichts wie einkaufen und wieder nach Hause. Entschlossen ging ich in den Laden.

Etwa eine dreiviertel Stunde später lud ich meine Einkäufe in den kleinen Kofferraum ein. Wirklich geräumig war der ja nicht, man bekam mit Glück zwei Einkaufstaschen hinein, wenn die nicht zu voll gepackt und außerdem auch nicht zu groß waren. Wie immer war ich eine Menge Geld losgeworden, aber ich wusste auch, dass ich gute Qualität eingekauft hatte. Natürlich alles Bio, immerhin war der Riegenhof ja ein Demeterhof.

Ungehalten musste ich feststellen, dass es noch schneite. Was für elendes Wetter. Wenn ich eines nicht leiden konnte, dann waren es Schnee und Eis. Hoffentlich schaffte das mein kleiner Aygo. Ich entfernte den Schnee von den Scheiben, damit ich wenigstens irgendetwas sehen konnte, und startete den Motor. Zuverlässig schnurrend sprang mein kleiner Hüpfer an. Nichts wie nach Hause.

Vorsichtig fuhr ich hinaus auf den Feldweg, der den Riegenhof mit der B34 verband. Langsam rutschte ich mehr, als dass ich fuhr, in Richtung B34. Da flammte ein Licht vor mir auf. Was war denn das? Das durfte doch jetzt nicht wahr sein! Ausgerechnet jetzt fuhr ein Traktor mit Arbeitsgerät auf den Feldweg. Mein Aygo war zwar schmal, aber würde ich dem verdammten Ding ausweichen können?

Verzweifelt lenkte ich meinen Aygo nach rechts. Da ruckelte und knirschte es und ich spürte, wie ich nach rechts driftete und schon neben dem Weg lag. Vorsichtig gab ich Gas. Nichts geschah. Entsetzt blickte ich in die tiefe Dunkelheit vor mir. Noch einmal gab ich vorsichtig Gas, erst langsam, dann immer mehr. Der Motor heulte auf und kurze Zeit später stank es nach verschmorter Kupplung.

Mir blieb das Herz stehen. Hoffentlich hatte ich das MMT-Getriebe nicht beschädigt. Ich verfluchte mich wegen meiner Dummheit. Der Traktor war inzwischen hinter der nächsten Biegung verschwunden. Vermutlich hatte der Fahrer gar nicht mitbekommen, dass ich in den Graben gerutscht war. Entnervt zückte ich mein Handy. Toyota hatte einen Abschlepp- und Pannenservice. Den brauchte ich jetzt.

Ich wollte gerade die Nummer eingeben, als mein Handy piepste und ausging. Das durfte doch nicht wahr sein! Verzweifelt stöhnte ich auf. Was sollte ich jetzt nur machen? Immerhin war das keine Hauptverkehrsstraße. Da kam niemand vorbei. Der Hofladen! Hoffnungsvoll blickte ich auf meine Uhr. Er hatte noch offen! Ich musste dort Hilfe holen. Ich schaltete die Warnblinkanlage ein und stellte das Warndreieck auf. Immerhin war es auf diesem Weg stockdunkel und wer wusste schon, wer noch alles hergefahren kommen würde. Hoffentlich übersah niemand mein Auto. Gut, die Lichter und die

Warnblinkanlage waren an, aber was hieß das schon? Wenn das mit der Pannenhilfe lange dauerte, konnte die Batterie vielleicht auch bald leer sein. Ich musste mich eilen. Ich schloss mein Auto ab und machte mich auf den Weg zurück zum Riegenhof.

Kurze Zeit später stand ich wieder vor dem Hofladen. Die Inhaberin war gerade dabei, zu schließen, als ich auf sie zugestürmt kam.

„Was ist denn mit Ihnen passiert?", wollte sie besorgt wissen.

„Ich hatte einen kleinen Unfall. Ich war gerade auf dem Weg zur B34, als ein Traktor auf mich zugefahren kam. Da bin ich weggerutscht", erklärte ich etwas zerknirscht meine missliche Lage.

„Wissen Sie was, jetzt kommen Sie erst mal zu mir. Da können Sie sich auch etwas aufwärmen", meinte sie entschieden. Sie schloss den Laden zu und gemeinsam gingen wir einige Häuser weiter, offenbar wohnte die Inhaberin dort. „Kommen Sie, hier können Sie auch die Pannenhilfe holen", schlug sie vor.

„Vielen Dank", erwiderte ich glücklich.

Eilig wählte ich die Nummer der Toyota-Pannenhilfe. Hoffentlich halfen die mir. Ich sprach mit dem Sachbearbeiter und erklärte ihm meine Situation.

„Es tut mir leid, aber Ihr Pannenhilfevertrag ist leider vor drei Tagen abgelaufen. Wir können Ihnen schon einen Wagen schicken, aber der kostet dann halt etwas", erklärte er mir.

Heute kam aber auch alles zusammen. „Also schön", seufzte ich, „machen Sie das, es hilft ja nichts."

Da kam schon die Inhaberin des Hofladens herein. In der einen Hand balancierte sie einen Teller mit Kuchen, in der anderen eine Tasse heißen Kakao.

„Ach du lieber Himmel, das ist doch nicht nötig!", rief ich verlegen. So wollte ich mich jetzt hier auch nicht aufdrängen.

„Unsinn! Das wird Ihnen guttun, Sie werden sehen!", wies sie meinen Einwand zurück.

Dankbar und immer noch verlegen, aß ich das Stück selbst gemachten Kuchen und trank den leckeren, heißen Kakao. Langsam wurde mir wieder wärmer. In einem Punkt hatte sie recht: Die Welt sah nicht mehr ganz so düster aus. Da klingelte es an der Wohnungstür.

„Guten Tag, wir sind vom Abschleppdienst und sollen ein Auto mitnehmen?", ertönte eine Stimme.

Völlig erleichtert stand ich auf. Ich verabschiedete mich herzlich bei meiner Retterin und fuhr mit den Männern zurück zur Unglücksstelle, wo sie meinen kleinen Aygo befreiten und wieder auf die Straße stellten. Außer ein paar Kratzern hatte er nichts davongetragen, aber die gesellten sich jetzt eben zu den anderen. Dankbar bezahlte ich sie und fuhr langsam weiter Richtung Heimat.

Die Fahrt war für mich und meinen Aygo eine Herausforderung. Nach dem Mainhardter Wald galt es noch, die völlig zugeschneiten Löwensteiner Berge zu bezwingen. Mit fast vier Stunden Verspätung kam ich völlig erschöpft zu Hause an. Noch nie hatte ich den Anblick meines Hauses begrüßt wie jetzt. Ich zog mich nur noch rasch aus und legte mich dann schlafen. Am Ende hatte mein Aygo also doch gesiegt, er hatte den Mainhardter Wald und die Löwensteiner Berge bezwungen. Welche Abenteuer würden wir wohl noch erleben? Ich würde es schon bald erfahren.

Florian Geiger, wohnhaft in Lörrach, geboren 1982 in Heidelberg, schreibt seit seiner Kindheit gerne Geschichten, besonders aus den Bereichen Science-Fiction und Fantasy. Bisher konnte er Kurzgeschichten in verschiedenen Verlagen veröffentlichen. Website: floriantobiasgeiger.jimdofree.com, Friendica im Fediversum: opensocial.at/profile/anarcheron.

Es musste
unbedingt blau sein ...

Vor ein paar Wochen mussten wir auf der Arbeit unseren Führerschein kontrollieren lassen, da man ja auch mal einen Dienstwagen nutzen könnte und ein gültiger Führerschein in einer Spedition wichtig ist. So kamen wir unter den Kollegen auch auf das Thema, was denn unser erstes Auto war. Das waren noch Zeiten und ganz besondere Erinnerungen, die einen heute noch zum Schmunzeln bringen oder auch den Kopf schütteln lassen. Denn plötzlich war man ein ganzes Stück unabhängiger von den Eltern geworden. Man war stolz wie Bolle auf sein eigenes erstes Auto, auch wenn man nicht über die Kosten und die Pflichten nachgedacht hatte. Denn das alles wollte man ja noch gar nicht sehen.

Mit 18 Jahren war man noch lange nicht erwachsen und wollte auch seinen eigenen Kopf durchsetzen. So musste mein erstes Auto blau werden, der Rest war mir damals in der Tat völlig egal. Mein Auto sollte nicht rot, weiß oder schwarz werden und auch nicht braun, es musste ein blauer Flitzer werden.

Als ich dann endlich meinen Führerschein hatte, fuhr mein Vater mit mir ins Autohaus. Es war nur ein kleines in der Nähe. Er sprach mit dem Verkäufer und ich sah mir die Autos an. Natürlich fiel mein Augenmerk auf ein blaues! Ich hatte mich auf den ersten Blick in den kleinen blauen VW Polo 6 N verliebt. Es war nur ein Zweitürer ohne Zentralverriegelung und Klimaanlage, aber er schien mir das schönste Auto der Welt zu sein. Dass er nur 60 PS hatte, spielte damals noch keine Rolle für mich.

Mein kleiner blauer Polo fuhr mit mir überallhin. Wir haben kleine, kurze oder auch längere Ausflüge gemacht und er brachte mich sicher zur Arbeit. Zum Schlafen war er jedoch zu klein. Dennoch war ich jeden Tag stolz auf den Kleinen. Zumal er wirklich klein war und eben auch nicht mehr der neuste. Aber er gehörte mir. Er war mit meinem eigenen, gesparten Geld bezahlt – und darauf war ich damals wirklich stolz.

Ich war das erste Mal mit ihm und meiner besten Freundin Christine im Harz. Wir waren morgens losgefahren und kannten den Weg nicht. Es gab ja auch noch keine Navis und das Kartenlesen war nicht unsere Stärke. Nachdem wir uns mehrfach verirrt hatten, kamen wir dennoch in Thale an.

Heute noch bin ich froh, dass er nicht so viel Benzin brauchte und wir nicht ständig tanken mussten, denn dafür hätte das Lehrlingsgeld nicht gereicht.

Zwei Frauen und ein Polo unterwegs. Das waren noch Zeiten und ein paar wunderschöne Erinnerungen sind da natürlich auch geblieben. Es mochte auf der Autobahnbrücke gewackelt haben und gegen den Wind waren wir langsam, aber wir hatten Spaß und fühlten uns frei, so ganz ohne Eltern zu verreisen. So ein Erlebnis vergisst man nicht.

Zwei Unfälle im Winter hatten wir auch miteinander. Zum Glück war nie etwas Ernstes passiert. Dennoch war es ein Schreck, plötzlich mitten in der Schneewehe festzustecken. Ich fühlte mich hilflos und es wurde kalt. Mein Auto rührte sich nicht mehr von der Stelle. Erst mit etwas Hilfe von einem Bauern wurden mein Auto und ich wieder befreit und durften zurück auf die Straße.

Die restliche Fahrt verlief langsam und der Schreck saß immer noch sehr tief. Dennoch war ich froh, als wir gut zu Hause ankamen und alles noch funktionierte.

Nach dieser Erfahrung bin ich langsamer und aufmerksamer im Schnee gefahren – in jungen Jahren macht man sich da wenig Gedanken. Ich war optimistisch, dass mein Polo und ich alles bestehen konnten. Sicherlich waren wir langsam und ein Hindernis auf der Autobahn. An einem Lkw vorbeizufahren, war nie einfach und mehr als einmal fehlte uns die Leistung, um schneller vorwärtszukommen, außer es ging bergab.

Mit der Zeit kamen jedoch die Macken. Von Bremsen bis hin zu einem neuen Auspuff und Reifen musste vieles gemacht und erneuert werden. Die Entscheidung, meinem kleinen geliebten blauen Polo mit dem Kosenamen *Baby* abzugeben, war eine schwere Entscheidung. Im Nachhinein war es wohl ein guter Entschluss.

Mein jetziges Auto ist wieder blau, aber kein Polo mehr und mit mehr Pferdestärken. Dennoch wird er mir immer in Erinnerung bleiben, eben auch, weil wir viel zusammen erlebt haben und ich das erste Mal frei und unabhängig war. Wenn man auf dem Dorf lebt, gibt es eben keinen Bus und keine Bahn, da bleibt nur das Rad oder das Auto. Zum Glück habe ich aber auch noch viele Bilder von meinem ersten Auto.

Doreen Pitzler wurde 1986 in Sachsen-Anhalt geboren, wo sie auch aufgewachsen ist. Schon früh entwickelte sie eine Vorliebe für gute Geschichten und inspirierende Welten. Zu Schulzeiten verband sie diese Vorliebe mit ihrer eigenen blühenden Fantasie und begann mit den Schreiben eigener Geschichten. Heutzutage ist das Schreiben ein willkommener Ausgleich zu ihrer Bürotätigkeit.

Oscar und der Lada

„Bitte, was für ein Auto willst du haben?"

Oscar grinste, als er sah, wie sein Vater bei der mittäglichen Spül-maschinen-Ausräum-Routine wie erstarrt innehielt und eine Augen-braue nach oben zog. Langsam, beinahe in Zeitlupe stellte er die Tas-se, die er gerade schwungvoll der Maschine entnommen hatte, nun doch in den Schrank und blickte seine Frau an. Sie saß am Küchen-tisch, sein Sohn Oscar daneben in seinem Kinderstuhl, und scrollte mit sichtlicher Begeisterung die Internetangebote für Autos durch, während sie zeitgleich ihrem zweijährigen Sohn die Nudeln in den Mund stopfte.

Diese ganze Auto-Aktion lief langsam aus dem Ruder, empfand er und schürzte die Lippen: Nun gut, sie hatten sich natürlich vor der Geburt ihres Kindes die obligatorische Familienkutsche angeschafft – einen schicken Kombi, in den alles reinpasste. Daneben hatte er aber immer auch eine Art Spielzeugfahrzeug gehabt – ein Gefährt, das irgendwie nicht alltäglich war, entweder aufgrund seiner Bau-art oder seines Alters. Dabei war er wahrlich kein Millionär, also handelte es sich nie um hochpreisige Oldtimer: Gerade stand ein italienisches Dreirad in seiner Garage – eine fast dreißig Jahre alte APE von Piaggio.

Der Haken an der Sache und damit der Grund für die ganze Auto-diskussion war aber, man konnte Oscar in diesem Gefährt keinesfalls mitnehmen und insgeheim träumte er schon ein wenig davon, dieses Hobby mit seinem kleinen Sohn zu teilen.

Schnell war der Plan gefasst, die APE zu verkaufen und gegen ein anderes, interessantes Auto zu tauschen, in das die ganze Familie hin-einpasste. Seine Frau, von familiärer Wärme erfüllt, hatte das Projekt *Papas neues Auto* sofort okkupiert und begann nun, für ihn passende Fahrzeuge zu suchen.

„Ja, hier gibt es einen Lada! So einen wollte ich schon immer!", grinste sie, legte die Gabel in ihrer Rechten weg und hob triumphie-rend das Tablet hoch, um die Anzeige ihrem Mann zu zeigen.

Dieser nährte sich langsam dem Tisch und betrachtete mit skeptischem Blick das digitale Foto: „Der ist fast 40 Jahre alt …", raunte er nicht mehr ganz so desinteressiert wie vor wenigen Augenblicken.

„Ja! Der ist total süß!" In ihren Augen leuchtete es und Oscar, mit einem von Tomatensoße verschmierten Gesicht, nickte dazu, fast als ob er ihr zustimmen wollte.

Langsam griff er nach dem Gerät und begann, sich die technischen Daten anzusehen: „Baujahr 1984 … ein Lada 1600, ein sowjetischer Lizenzbau eines alten Fiat, generalüberholt. Verkäufer ist ein Autohaus …", murmelte er mehr zu sich als zu seiner Frau, „… ein Lada Schiguli".

„Ich finde ihn super! Der ist auch noch top in Schuss …"

Skeptisch sah er in das leuchtende Gesicht seiner Frau. „Dein Ernst … ein Auto aus der ehemaligen Sowjetunion?" Er selbst hatte von einem alten Opel Kadett B geträumt – die waren auch noch in gutem Zustand für kleines Geld zu haben.

„Schatz! Das ist mal wirklich was anderes!"

„Ich kenne mich mit solchen Autos so gar nicht aus – keine Ahnung, ob man dafür noch bei Bedarf Ersatzteile bekommt oder worauf man beim Kauf achten muss … Außerdem …"

„Ja?"

„Er ist auch noch weiß. Man sieht jedes verdammte Staubkorn darauf."

„Dann waschen wir ihn häufiger", wischte sie den Einwand beiseite.

„Aber … der sieht aus wie ein Wagen vom KGB …" Sein Gesicht verzog sich zu einem gespielten Leiden.

„Komm, lass ihn uns wenigsten mal ansehen …", drängte sie und er blickte kummervoll in das Tomatengesicht seines Sohnes, der grinste ihn an und sagte laut: „Lada!" Er ahnte, dass er verloren hatte.

Das Autohaus war fast zwei Stunden von ihrer niedersächsischen Heimat entfernt und, das musste er zugeben, es beeindruckte ihn sichtlich: Das Hauptgeschäft lag auf aktuellen Gebrauchtwagen, aber sie hatten sich einen Zuerwerb geschaffen mit durchaus hochpreisigen Oldtimern, die sie in der hauseigenen Werkstatt restaurierten und dann verkauften.

Herr Schröder, ein Mann etwa um die dreißig, dem Gott sei Dank die schmierige Attitüde des Autoverkäufers zu Gänze fehlte, hatte sie in Empfang genommen und führte sie nun stolzerfüllt durch die Oldtimerhalle. Oscar ging an Papas Hand und war schon die ganze Fahrt über ausgezeichnet aufgelegt gewesen. Für den Zweijährigen war es ein einziges, riesiges Abenteuer und so hüpfte er neben seinem Vater von Fahrzeug zu Fahrzeug. Erstaunt betrachtete dieser die restaurierten Luxuswagen, darunter eine Mercedes-Limousine aus dem Jahr 1935. Weitaus hibbeliger war seine Frau, die sich immer wieder umsah, weil sie den weißen Lada noch nicht entdeckt hatte.

„Ja, und dahinten ist unser kleiner Schatz …", eröffnete Schröder und führte sie in eine Ecke der Halle – dort stand, frisch geputzt und gewienert, der weiße Lada Schiguli.

Seine Frau ging auf den Wagen zu und auch Oscar ließ seine Hand los, um den Wagen anzufassen. Er blieb stehen und betrachtete das kleine Auto mit einem leichten Grinsen: „Süß ist er ja schon irgendwie …" Und an den Autoverkäufer gewandt fragte er: „Wie passt der in Ihr Luxussegment, das Sie hier sonst verkaufen?"

Schröder lachte kurz: „Der stammt aus Litauen … wir haben dort drei Oldtimer gekauft und, um den Container vollzukriegen, haben sie den umsonst dazu gepackt …"

„Eine Art Füllmaterial?"

„So könnte man es nennen. Aber unsere Werkstatt hat sich in den verliebt und dann auch restauriert."

Langsam umrundete er den Wagen, während seine Frau beinahe zärtlich das Dach tätschelte und Oscar von unten trötete: „Darf ich rein … darf ich rein!"

Mit einer gespielten Routine und vorgetäuschter Käufersi-

cherheit spulte Oscars Vater ein paar Fragen nach eventuellen Schäden, Unfällen oder Roststellen ab und begab sich auch einmal unter das Fahrzeug für eine oberflächliche Sichtung.

„Es sind alle Papiere da, wir würden uns auch um die Zulassung kümmern. Und wenn Sie wollen, nehmen wir Ihre APE, von der Sie vorhin erzählt haben, in Zahlung", meinte Schröder am Ende der kurzen Untersuchung.

„Darf ich rein?"

Er tätschelte kurz den Kopf von Oscar und strich ihm durch das gelockte Haar, dem ein Friseurbesuch gut getan hätte. Der Ankauf der APE war in der Tat ein gewaltiger Pluspunkt, denn privat wäre er sie kaum losgeworden. Er warf seiner Frau einen Blick zu, die vollkommen im Bann des Wagens war.

„Das klingt alles recht gut …", presste er hervor.

„Natürlich machen Sie jetzt erst mal eine Probefahrt", warf der Autoverkäufer ein, fingerte die Autoschlüssel aus seiner Jacketttasche heraus und schloss die Fahrertür auf. Der Wagen war innen mit brauner Kunstfaser ausgelegt und strahlte einen intensiven, aber irgendwie heimeligen Geruch aus, der an Omas altes Sofa erinnerte.

„Sie können jetzt gerne …", begann Schröder, doch da sauste Oscar schon an ihm vorbei und setzte sich ans Steuer des Wagens. Er schnappte sich das Lenkrad, versuchte vergeblich, es zu bewegen, und hopste dabei mit dem Hintern auf dem gepolsterten Sitz, dabei gluckste er glücklich: „Lada fahren! Oscar fährt Lada!"

Sein Vater warf seiner Mutter kurz einen Blick zu, erkannte das strahlende Mutter-Gesicht, in dem auch eine kleine Träne im Auge war und wusste: Er hatte verloren – es war Oscars erstes Auto …

Oliver Miller, *geboren 1981, ist Lehrer und Universitätsdozent in Hannover. Seit mehreren Jahren veröffentlicht er in Anthologien Kurzgeschichten – sein Debütroman „Kosmos 33" erschien 2019. Von 2021 bis 2024 war er freier Autor im Bereich Heftromane („Die UFO-Akten").*

Das rote Cabrio

Als meine Mutter ins Zimmer kommt, ist es schon hell. Sie setzt sich auf mein Bett, streichelt mir über die Haare und flüstert mir liebe Worte ins Ohr. Worte, die ich verstehe, obwohl ich sie nicht hören kann. Heute ist sie aufgeregt. Ihre Hände sind wuselig, liegen keine Sekunde ruhig auf meiner Bettdecke, knuddeln den Stoff mal hier, mal da, und obwohl sie mich nicht zur Eile drängt, bin ich von einer Sekunde zur anderen hellwach. Wenn meine Mutter so strahlt wie heute, will sie mir etwas zeigen oder wir machen einen Ausflug.

Jetzt drängt es mich auch. Ich tauche unter ihrem Arm hindurch und flutsche aus dem Bett. Das ist das Aufbruchssignal. Sie geht runter, macht Frühstück. Ich stürme ins Bad und bin fertig, bevor die Milch für meinen Sonntagskakao warm ist. Sie lacht. Erzählt mir, was wir heute vorhaben, malt es mit den Händen vor mir in die Luft. Ich versuche, von ihren Lippen zu lesen, aber das fällt mir noch schwer, vor allem, wenn sie so schnell spricht.

Ich warte im Auto auf sie. Sie hat ihre Handtasche im Haus vergessen und muss noch mal rein. Aber endlich gehts los. Aufgeregt rutsche ich auf meinem Sitz hin und her, denn wir machen nur selten einen Ausflug. Heute geht es quer durch die Stadt und ich liebe unser Auto. Es ist ein dunkelroter Galaxy, den Papa uns dagelassen hat, als er mit seiner Freundin abgehauen ist. Mein Sitz ist deutlich erhöht, ein kleiner Thron, von dem aus ich auf all die kleinen Wagen neben uns herunterblicken kann. Gerade fährt ein Z3 mit offenem Schiebedach an mir vorbei und er ist so klein und niedrig, dass ich dem Fahrer auf die Glatze gucken kann.

Mein liebster Zeitvertreib bei unseren Ausflügen ist das Zählen von Automarken, wobei ich neben BMW und Jaguar noch die Sonderkategorie Sportwagen in meiner Favoritenliste führe. Heute sind es besonders viele, vielleicht weil Sonntag ist, und ich erreiche Nummer 84, als meine Mutter auf einen großen Parkplatz fährt.

Am Gedränge der Menschen erkenne ich, dass wir da sind. Wir stürzen uns in die Menge und driften eine Gasse entlang, die von bunten Schaubuden gesäumt wird. Der Geruch von gebrannten Mandeln liegt in der Luft und lässt mir das Wasser im Mund zusammenlaufen. Kinder mit Büscheln von Zuckerwatte kommen uns entgegen. Äpfel am Stil tanzen vorbei und umhüllen uns mit ihrem süßen Duft. Schon habe ich mich entschieden und ziehe meine Mutter in Richtung des Standes, wo die hübsche Verkäuferin einen goldenen Apfel, extra für mich, in einen Bottich mit knallrotem Zuckersirup taucht. Als sie ihn mir mit einem Lächeln überreicht, bin ich glücklich.

Während ich an meinem Apfel knabbere, kommt mir ein Mann mit einem Strauß bunter Luftballone entgegen. Ich sehe Kobolde an ihren Fäden tanzen. Mein Herz macht einen Luftsprung. Ganz plötzlich wünsche ich mir nichts sehnlicher als auch so einen Gefährten, der leicht und frei über den Köpfen der Menschen schwebt. Aber bevor ich meine Mutter aufmerksam machen kann, ist der Mann vorbei. Ich reiße mich von ihrer Hand los und renne ihm nach. Natürlich bin ich in dem Gedränge schneller als sie und habe mir längst einen Luftballon ausgesucht, als sie mich keuchend einholt.

Schon weitet sich die Gasse zu einem Platz. Vor mir der Autoscooter. Ich sehe die dunkle, schwarze Fahrbahn, über die Kinder mit ihren Autos brausen. Lichter branden auf im Rhythmus der Fahrt, wenn die Fahrzeuge mit ihren Gummipuffern zusammenkrachen und mit einem Ruck zum Stehen kommen.

Mittendrin fährt das rote Cabrio, mein Lieblingsauto. Ich ziehe meine Mutter Richtung Fahrbahn, möchte dazugehören, mitbrausen im wilden Spiel. Schon stehen wir an der Umrandung, vor uns die Autos in ihrem zuckenden Tanz. Ich will nicht immer Zuschauer sein, sondern selbst fahren, wenigstens einmal. Aufgeregt dränge ich meine Mutter zur Kasse. Ich greife ihre Hand, ziehe, damit sie versteht. Aber meine Mutter bleibt stehen, starrt auf die Fahrbahn. Ich zerre an ihrer Jacke, reiße im Rhythmus der Lichter an ihrem Arm. Aber nichts rührt sie.

Da packt mich die Wut. Mit beiden Fäusten schlage ich auf sie ein, versuche zu treffen, wo es ihr wehtut. Aber sie schaut mich nicht einmal an. Ich schreie und stampfe mit dem Fuß auf. Endlich dreht sie sich um, hält meine Hand fest. Ich stoße sie weg, laufe auf die Fahrbahn, springe zwischen die Autos. Auf einmal flammt Licht auf, wird weiß, strahlend hell. Alle Autos stehen. Männer rennen auf mich zu, an mir vorbei. Dann sehe ich meine Mutter. Sie liegt auf der Fahr-bahn. Ein Kranz aus dunklem Rot ist um ihren Kopf, wird rasch größer. Der Apfel kommt hoch, fließt über meinen Pullover, tropft auf den Boden. Man schupst mich zur Seite, schiebt mich weiter nach außen. Überall ist Hektik, nur die Autos sind alle leer. Auch das rote Cabrio.

Ich stolpere hinüber. Mein Herz klopft vor Aufregung, als ich in das leuchtend rote Auto schlüpfe. Die Sitzbank quietscht, als ich mich setze. Im grellen Licht sehe ich den kaputten Bezug. Weißes Zeug quillt aus der Ritze. Alles ist hässlich. Ich rutsche vom Sitz auf den Boden, krieche unter das Lenkrad. Mit zitternden Händen ho-cke ich dort, bis es Nacht ist und alle fort sind.

Wolfgang ten Brink *ist verheiratet und hat drei Kinder. Sein Interesse gilt Zukunftsfragen der Menschheit, verpackt in spannende Geschich-ten. Außerdem schreibt er gesellschaftskritische Kurzgeschichten, gern aus dem besonderen Blickwinkel von Kindern und Jugendlichen. Wolfgang ten Brink ist Mitglied der Braunschweigischen Landschaft - AG Litera-tur, der Gruppe 48 und der regionalen Schreibgruppe WOBBS.*

Reisefieber

24 Jahre sind vergangen, seit mich der Autofriedhof von dir geschieden hat. Mein Lancia Y10, du bist mir überraschend lange treu geblieben, obwohl ich durch meinen waghalsigen Fahrstil alles unternommen hatte, deinen Motor vorzeitig zu vernichten. Wir waren ein eingeschworenes Team, das es bergab auf der Autobahn, beladen mit fünf Personen, laut Tachonadel immerhin auf 180 gebracht hat. Deine Drehzahl am Anschlag hast du mir jede neuerliche Übertreibung verziehen. Durch wenig Pflege wurdest du unter meinen Händen rostig und doch nicht willens, auf dem Schrottplatz zu landen. Von Disco zu Disco sind wir getingelt, Einkaufstrips in die umliegenden Städte haben wir gemacht.

Schließlich wollte ich unser Glück besiegeln durch eine Reise nach Amsterdam. Ich sprengte dich mit Sack und Pack, den Kofferraum überladen, in die niederländische Metropole. Wegen eines am Zigarettenanzünder angeschlossenen Discmans wurde deine Fahrertür aufgebrochen. In einem angeblich bewachten Parkhaus für schlappe 180 Mark Gebühren innerhalb von zwei Tagen. Weil ich sorglos durch die Gassen zog, während du wartetest, bis ich zurückkam. Das Salz des Meeres in meiner Nase, den Joint zwischen meinen Lippen, da ich nicht abwarten konnte, bis das Gras ein Vierteljahrhundert später auch bei uns legalisiert werden würde.

Benommen von dem Stoff ahnte ich, während ich mit einem seligen Grinsen im Coffeeshop fläzte, nichts von dem, was man dir zeitgleich angetan hatte. Das Schloss abmontiert, der Discman weg, brauchte ich fortan nur die Fensterscheibe herabzudrücken und schon verschaffte ich mir ohne Schlüssel Zugang in dein Inneres.

Nach dem Diebstahl ging es rapide abwärts mit dir. Bereits wenige Wochen nach der Ankunft in Deutschland wurdest du altersschwach. Du klangst wie ein Hubschrauber. Gleich, wo wir hinkamen, waren wir eine Attraktion, die alle anderen Höhepunkte in den Schatten stellte. Dein Anfang vom Ende war wahrlich aufsehenerregend.

Ein Fotoalbum liegt aufgeschlagen neben mir. Ich blättere mich durch das Buch deiner verschiedenen Stadien. Wie ich mich zu Beginn unserer Zusammengehörigkeit aus dem Fenster beugte und mein Übermut von Kumpels abgelichtet wurde. Ein weiteres Foto dokumentiert den bodenschleifenden Auspuff, der rasch ausgetauscht werden konnte. Und auf einem dritten Porträt feiere ich mit einem Pappschild unsere einjährige Beziehung. Das Album gibt den Charakter unserer Beziehung wieder: eine Brücke vom Jugendlichen zum Erwachsenen. Unvergessliche Jahre mit manchem Tief, aber viel mehr Höhen.

Oliver Fahn *wurde 1980 im oberbayerischen Pfaffenhofen an der Ilm geboren. Unter anderem wurden seine Texte bei DUM, Poets of the New World, & Radieschen, Elysion Books, eXperimenta, etcetera, von der Stadt St. Pölten und der Friedrich-Naumann-Stiftung veröffentlicht.*

Die wundersame Entstehung einer Trittbrettfahrerin

Die Flechte Flo war müde. Nach sieben Jahren und 30.000 Kilometern quer durch den mittleren Neckarraum fragte sie sich zum wiederholten Male, wie das alles gekommen war. Wie immer an solchen Tagen haderte sie ausgiebig mit ihrem Schicksal.

Aber warum eigentlich?

Sie hatte ein Zuhause: zehn Zentimeter des linken Trittbretts eines alten, rostigen, grünen VW-Käfers. In Max Moos hatte sie einen lieben Gefährten gefunden, der ihr ein Bett auf dem Trittbrett bot, ihren Thallus – Vegetationskörper bei Flechten, Moosen usw. – wärmte und mit dem sie alle Abenteuer ihres Stadtlebens teilte. Aber, und das war der Punkt, selbst nach sieben Jahren fühlte sich Flo manchmal noch fremd in der Stadt. Sie sehnte sich nach den vertrauten fünf Zentimetern auf der Schwäbischen Alb, nach ihrer Freundin Cladonia convoluta, kurz Claco, nach dem Falter Fredi, nach der Stille, dem Wind, nach alldem, von dem sie im November 1985 so grausam getrennt wurde.

Es war ein typischer Novembertag, feucht, verhangen, neblig – gerade so, wie Flo es liebte. Claco schimpfte wie immer über das Wetter. Als die beiden während ihres mittäglichen Tröpfchenbads die neuesten Ereignisse besprachen, begann die Erde leicht zu beben. Höllengeräusche erfüllten die Luft. Ein Schatten fiel über sie.

„Hallo, Flo, grüß dich, Claco", tönte eine muntere Stimme.

„Nein", dachte Flo, „nicht schon wieder." Mühsam krächzte sie: „Salve, Alberix." Nicht, dass sie Alberix nicht mochte. Genau genommen war er außer Fredi, der immer im Mai zu Besuch kam, ihr einziger regelmäßiger Besucher. Und noch mehr als das: Er beäugte sie liebevoll, sorgte sich um ihr Wohlergehen, erzählte von fernen Flechtenverwandten. Er war ein echter Freund. Aber leider kam er nicht allein. Als bekannter Groß- und Kleinpflanzenguru brachte er alljährlich seine Anhänger mit, um in gemeinsamer Andacht dem Gott der Flechten, Moose und Farne zu danken. Das fand Flo gut, aber seine Anhänger dieses Jahr waren zu wenig interessiert, zu wenig wissbegierig, bewunderten sie nicht in angemessener Weise. Sie glotzten, aber sie sahen nicht. Irgendwann begannen sie, über ihre Tante Cladonia stellaris zu reden, sie mit ihr zu vergleichen, um zu dem Urteil zu kommen, dass Tante Stella viel schöner, interessanter, intelligenter sei als sie.

Flo und Claco waren die Missachtung ihrer Flechtenpersönlichkeiten leid. „Na ja", flüsterte Flo, „dem Alberix zuliebe lassen wir es über uns ergehen …"

So zeigten sie sich von ihrer schönsten Seite, während Alberix das Gebet sprach: „… tuniforme … Isidium … Nostac-Typ …" Und träumten vor sich hin.

Ein jäher Ruck unterbrach Flos Träume. Sie fühlte, wie ihr der Boden unter dem Thallus schwand, es wurde Nacht um sie. „Wo bin ich? Wo ist Claco? Wo ist Alberix? Warum zieht es hier so?"

„Du bist auf dem Weg nach Stuttgart, meine Liebe", ertönte eine sonore Stimme. „Ich bin Max Moos und freue mich, dass du mir auf dem Trittbrett dieses Käfers ein wenig Gesellschaft leistest."

„Was?", brüllte Flo und musste entsetzlich husten. Sie war Autobahnluft und schnelle Fortbewegung mit 34 PS nicht gewohnt.

„Halt dich gut fest. In zehn Minuten sind wir zu Hause", sagte Max Moos zu seiner neuen Freundin. „Wie heißt du?"

Das war der Anfang einer wunderbaren Freundschaft, die einzig und allein durch Flos Erinnerungsmomente leicht getrübt wurde, die immer dann kamen, wenn Flo müde war, und immer dann verschwanden, wenn das Vibrieren des Trittbretts eine neue Fahrt mit dem Käfer ankündigte.

Da die Besitzerin des Käfers glücklicherweise keine allzu reinliche Autowäscherin war, konnten Flo und Max ein langes Flechten- und Moosleben genießen.

Das Ende kam an einem Dienstag im November 1994 in der Waschanlage der Tankstelle. Diesmal erwischte eine Bürste zuerst Flo und dann Max mit voller Wucht und schwemmte sie hinweg, und sie flossen neuen Abenteuern entgegen. Aber das ist eine andere Geschichte.

Als die Besitzerin des Käfers den Verlust bemerkte, weinte sie bitterlich, waren die grünen Beifahrer ihr in den Jahren doch sehr ans

Herz gewachsen. Das Trittbrett des grünen Käfers blieb verwaist bis zu seiner Verschrottung im Jahr darauf.

Monika Link, *geboren 1956, Stuttgart, pensionierte Berufsschullehre-rin, Veröffentlichungen im Rahmen eines Kreativschreibkurses und von Anthologieausschreibungen 2023 und 2024.*

Audi-Gaudi

Erstes Auto meines Lebens:
Audi 80, Beige-Lackierung,
Rost am Chassis als Verzierung,
Farbeinsatz ist hier vergebens,
aber: Wozu gibt es Sticker?
Klar auch, dass der Hintermann
dann im Stau was lesen kann.
Plus: Die Knautschzone wird dicker.
Leichtgewicht von knapp zwei Tonnen,
die PS-Zahl astronomisch:
45! Nein, nicht komisch.
Ideal für Sprinterwonnen.
Auch die Technik wird bewundert,
wer braucht da schon einen Benz,
denn die Radiofrequenz
geht per Rädchendreh bis hundert!
Gut, bei kleinen Regenschauern,
hat man mir zuvor verschwiegen,
blieb der Wagen gerne liegen,
doch was hilft es, zu bedauern.
Hieß es eben: Auf den nassen
Straßen schieben bis zur Steigung,
schließlich folgt danach die Neigung
und: „Im Zweiten kommen lassen!"
Rückwärtsgang? Eventuell.
Wenn dann aber mit zwei Händen
und in ebenen Geländen.
War halt Audis Sportmodell.
Häkeldeckchen weiß mit Spitze,
Lenkradschutz dank Fellbezug.
Gurte? Ja, doch nicht genug,
reicht doch für die Vordersitze.

Auch ganz stark: der Wendekreis.
Wenden? Gerne. In zwölf Zügen.
Trotzdem und (fast) ohne Lügen:
Dieser Flitzer war echt heiß!

Andreas Herkert-Rademacher, *geboren 1978 in Würzburg, dort auch wohnhaft. Glücklich verheirateter Vater zweier wundervoller Töchter. Freizeitautor, Hauptberuflich im kaufmännischen Bereich unterwegs.*

Mein kleiner grüner Fiat

Nach ihrem Tod vererbte mir meine Oma ihr Auto.

Bei der Testamentseröffnung erfuhr ich, feierlich verlesen vom Herrn Notar, dass ich mit sofortiger Wirkung Besitzerin ihres KFZ wurde. Omas letztes und auch einziges Auto, mein erstes.

Fiat 127, Baujahr 1977, 45 PS.

In Kreisen, in denen alle anderen Öffi fuhren oder Fahrrad oder bestenfalls Mofa, eine Rakete.

Ein eigenes Auto. Vierfach bereift, mit Heizung und einem Dach, darunter ich vor allen Unwettern geschützt. Ein Wahnsinn.

Selbstverständlich ohne Radio, ohne Klimaanlage, ohne elektrische Fensterheber, Abblendautomatik, Parkassistent, beheizte Außenspiegel und so weiter und so fort.

Ein Auto eben.

Pur.

Und meines.

Als Dankeschön von der Oma, die ich in ihren letzten Jahren viel damit herumkutschiert hatte. Ich durfte sie fahren, weil das mit dem Sehen immer schlechter wurde und weil ihr der Hausarzt kraft seines Amtes und unter Aufbietung all der in ihm ruhenden Geduld und Güte dringendst von weiteren Fahrmanövern abgeraten hatte. Dass mittlerweile der Dorfverkehrsfunk durchgab, wenn Oma den Boliden startete, wollten wir ihr in der Familie nicht so brutal reindrücken.

Und ganz ohne Scherz: Es gab nicht nur einmal gefährliche Situationen, die auf ihr Konto gingen. Ab da fühlte sie sich sicherer, wenn ich sie fuhr. Nach ihren rigiden Anweisungen.

„Blinken! Herrgott, Mädel!"

„Da! Rechts einreihen. Rechts! Na ja. Gerade noch."

„Vorausschauend fahren, Kindchen!"

Nachdem sie das Auto in die ewige Seligkeit nicht mitnehmen konnte, hat die Oma wohl beschlossen, dass man es in meinen Händen getrost zurücklassen durfte.

Mein Auto wurde in unserm Dorf zur Legende.

Jede Schwangere mit dem Vorjahrsbaby im Kinderwagen war schneller als ich. Auf der Landstraße überholten mich laut hupend die Lkw. Bei 50 Stundenkilometern dachte man sich in meinem erbsengrünen Ferrari: „Oh lala!" Bei 80 Stundenkilometer fühlte man sich wie in einer Überschallrakete und mit 100, bergab und mit viel Rückenwind, nahe an der Lichtgeschwindigkeit.

Jeder grüßte mein Auto.

Als meine Mama es einmal ausborgte und damit zum Einkaufen fuhr, kam sie völlig perplex zurück und meinte beiläufig: „Du, sag einmal, wen kennst du eigentlich aller? In drei Dörfern haben mir alle zugewunken. Ich bin mir vorgekommen wie die Queen Mum."

Die Jungen grüßten mich, die Alten die Oma, weil manche nicht mitbekommen hatten, dass die ja nicht mehr drinsaß in ihrem Vehikel.

Man nannte mein Auto Keksdose, Erbsenbomber, Feldwegrakete.

Alles Neider.

Alle, die auf dem Beifahrersitz Platz nehmen durften, genossen das Fahrgefühl mit verklärtem Gesicht.

Auch wir kamen überall an.

Irgendwann.

Mit meinen kleinen grünen Fiat erlebte ich einige Abenteuer. Erzählen will ich hier aber nur von einem. Also ...

Bei uns im Dorf ist das so, dass sich jeder gemäß seiner Talente am Dorfleben beteiligt. Jeder bringt sich ein, so gut und so viel er kann.

Das ist Ehrensache. Das muss man einfach machen, wenn man auf dem Dorf wohnt. Machen die Alteingesessenen alle, die Zugezogenen nicht, aber das ist eine andere Geschichte.

Ich bin leidlich musikalisch und spiele bei unserer Blasmusikkapelle Querflöte.

Heute noch.

Mag ich.

Nette Gemeinschaft, Musik finde ich grundlegend super.

Meistens kurvte ich damals mit dem Fahrrad zu den Proben, weil es sich für die zwei Kilometer gar nicht lohnte, den Fiat anzuheizen. An einem tristen Novemberabend aber war ich irgendwo unterwegs und fuhr mit meinem Auto direkt zur Blasmusikprobe in unserem alten Schulhaus.

Weil ich spät dran war und alle anderen schon vor mir da, stellte ich meinen grünen Gefährten hintan und allen anderen in den Weg.

Klar. Wohin sonst. War sonst kein Platz mehr.

Wir probten und hupten, was das Zeug hielt, und die Kameraden zischten auch ein oder zwei Bierchen.

Ich nicht, ich fahre immer mit 0,0.

Jedenfalls hob der Alkoholspiegel bei meinen Vereinskollegen die Stimmung erheblich und nach dem Ende der Probe belustigte es sie heftig, weil ich wie der Korken im Fass allen anderen die Ausfahrt versperrte.

Ich hatte mich mit meinen Mitflötistinnen ein bisschen verplaudert und als ich auf den Parkplatz kam, waren schon sechs Mann drauf und dran, meinen Augenstern, meinen Fiat, kurzerhand zur Seite zu heben.

Ich kann heute noch schimpfen, das hält keiner für möglich. Ich wirke so harmlos, aber wenn es drauf ankommt, geht jeder gerne vor mir in Deckung.

Ich war empört.

Ich war so was von wütend.

Was bildeten die sich ein? Ohne mich zu fragen, versuchten die, mein Auto vom Platz zu tragen!?

Die aber lachten alle nur.

Und da weigerte ich mich, meinen grünen Freund wegzufahren. Ich hob nur den Schlüssel hoch und sagt bleich vor Zorn: „Dann probiert es, ob ihr ihn wegfahren könnt, ihr Holzköpfe ihr."

Meckerndes Gelächter, als der Erste einstieg.

Die Jungs fuhren tagtäglich Fendt und Deutz und John Deere.

Die lachten sich eins über meinen Fiat.

Aber nicht lange.

In meinem Auto gab es keine Mittelkonsole. Der Ganghebel ragte an einem langen Stecken mit Knubbel obendrauf einfach aus dem Fahrzeugboden. Den richtigen Gang zu erwischen, erforderte viel Zärtlichkeit, viel Gefühl und Übung und sachte Frauenhände.

Der langen Rede kurzer Sinn: Die halbe Blasmusikmannschaft quetschte den Popes in mein Auto und keiner der Hünen brachte es einen Millimeter vom Fleck.

Schließlich tat es mir wegen der Geräusche im Getriebe und seinem heulenden Motor so leid, dass ich den Schlüssel mit Schwung an mich nahm, behände einstieg, den Gang einlegte und abfuhr. Aus dem Fenster winkte ich den Deppen noch königlich zu.

Ab dem Abend grüßte mich endgültig jeder im Dorf.

Heute steht der grüne 127 bei meinen Eltern in der Garage ganz hinten. Dort hält er ein Schläfchen.

Ich muss noch ein wenig Geld verdienen, um mir die Reparaturen, die der Gute so braucht, leisten zu können. Es fehlt nicht mehr viel.

Meine Kinder sind aus dem Gröbsten heraus, mein Gatte versteht mich in dieser Sache und bald starten wir bei unserer ersten Oldtimerrallye.

Ganz sachte, bedächtig und nicht schneller als 60.

Karina Luger, geboren in Ried im Innkreis, Studium Germanistik und Geschichte an der Universität Salzburg, verheiratet, zwei Kinder. Lebt und arbeitet in Österreich in Linz an der Donau, Veröffentlichungen von Kurzgeschichten in Österreich, Deutschland und Südtirol. Hobbys: Geschichten erfinden und aufschreiben, das ist ihre große Leidenschaft. Ein Highlight ist es immer, wenn es ihr gelingt, eine lustige Geschichte zu Papier zu bringen.

Tanken

Cora stand unschlüssig vor ihrem Kleiderschrank. Lieber der schwarze oder der graue Blazer? Sie kratze sich etwas nachdenklich am Kopf. Nach einer Weile entschied sie sich für den schwarzen. Schwarz war immerhin klassisch und schick. Damit konnte man nichts verkehrt machen. Denn diesen Job wollte sie unbedingt. Er würde sie endlich aus der öden Kleinstadt direkt in das pulsierende Leben einer Metropole bringen. Es war ein Traum, den sie sich jetzt – nach so langer Zeit – erfüllen wollte.

5 Uhr 02: In drei Stunden war es so weit. Mit Stau und der daraus resultierenden Warterei würde sie zwei oder zweieinhalb Stunden brauchen. Hoffentlich nicht länger.

Cora verließ das Schlafzimmer und ging in die Küche, auf dessen Tisch sie ihre Bewerbungsunterlagen zurechtgelegt hatte. Sie packte alles sorgsam ein und hastete die Stufen des Mietshauses hinunter, eilte zu ihrem Peugeot 206, den sie in einer Seitenstraße geparkt hatte. Die beiden kannten sich noch nicht sehr lange. Erst vor zwei Wochen hatte sie ihn bei einem Gebrauchtwagenhändler entdeckt und hatte einfach nicht vorbeigehen können. Es war sein Lackfarbengemisch, dass sie sofort in seinen Bann gezogen hatte. Alle Farbenspektren des Meeres schienen sich in seinem Blau zu vereinen. Von einem Azurblau an einem sonnigen, windstillen Tag an der Küste über ein Indigoblau auf offener See bis hin zu einem dunklen Rauchblau bei hohem Wellengang und von Gewitterwolken getrübten Himmel, sodass die Schiffe auf der Meeresoberfläche wie Spielzeugbote in der Badewanne tanzten. Für einen kurzen Moment war sie ihrem stressigen Alltag mit einem unterbezahlten, dafür aber äußerst anstrengendem Job und einer viel zu kleinen Wohnung entkommen. Selbst den Klang des Meeres mit seinen kreischenden Möwen und dem beruhigenden Rauschen des Windes meinte sie zu hören. Behutsam hatte sie über seinen gewölbten Rücken gestrichen, der sich warm und wohlig angefühlt hatte.

„Wollen Sie den kaufen?", hatte der Autohändler, der wie aus dem

Nichts neben ihr aufgetaucht war, gefragt und sich eine Zigarette in den Mund gesteckt.

„Wie viel kostet er denn?", hatte sie sich zögerlich erkundigt.

Der Autohändler hatte einen kräftigen Zug von seinem tabakhaltigen Glimmstängel genommen und den silbrig glänzenden Rauch über seine Schulter geblasen. „Fünftausend."

Cora hatte geschluckt und sich verlegen am Kopf gekratzt. 5.000 Euro. Das war eine Menge Geld und so gut wie ihr ganzes Erspartes. War das Auto diesen Preis wirklich wert? Andererseits hatte sie noch nie ein eigenes Auto besessen. Cora hatte noch einmal einen Blick auf den Peugeot geworfen, der sie vorhin in seinem Azurblau freundlich angelächelt hatte und jetzt in einem satten Cyan erhaben strahlte.

„Nimm mich mit", hatte er ihr zugerufen und ein kleines Lächeln war über Coras Lippen gehuscht, als sie dem Kaufpreis zugestimmt hatte. Schon nach dem Kauf hatte sie ihn auf den Namen *Mare* getauft. Mare wie das Meer. Der Ort, an dem sie am liebsten war. Im Licht des aufkeimenden Tages leuchtete Mare marineblau.

Cora öffnete mit einem Klacken seine Tür, warf ihre Tasche mit den Bewerbungsunterlagen auf die Rückbank und legte den Blazer daneben. Als sie den Schlüssel in das Zündschloss steckte, heulte er freudig auf. Mare war wie ein Pferd, das vor lauter Begeisterung mit den Hufen scharrte, um endlich loslaufen zu können.

Die ersten 100 Kilometer vergingen wie im Flug und Coras vierrädriger Gefährte fuhr praktisch wie von selbst. Kein Stau weit und breit. Der Autobahngott war den beiden wohlgesonnen. Doch mit einem Mal hörte sie ein lautes Piepen. Entsetzt blickte sie auf die Benzinanzeige. Reichweite: 50 Kilometer.

„Ich habe Hunger", ließ Mare Cora wissen und ihr entfuhr ein kleiner Schrei. Wie hatte sie für so eine lange Autofahrt nicht volltanken können? Cora hätte sich am liebsten geohrfeigt, stattdessen blickte sie auf ihre Armbanduhr. 7 Uhr 05. Jetzt musste sie auch noch an einer superteuren Autobahntankstelle halten.

„Dummheit muss eben bestraft werden", würde ihr Vater jetzt sagen und damit hatte er ausnahmsweise völlig recht.

TANKEN. Cora verdrehte die Augen. Das war ihr eine wirklich unliebsame Aufgabe. Nichts hasste sie mehr. Es waren die Benzindämpfe, die übel riechend und leicht ätzend in ihre Nase aufstiegen.

Es war die Anzeigetafel, die viel zu schnell ihr Geld verschlang und viel zu langsam das wertvolle Stoffgemisch herausrückte. Aber es nütze nichts. Mare brauchte sein Futter.

So steuerte sie also die nächste Tankstelle eines Rastplatzes an und stutze bei dem chaotischen Getümmel, das sie erblickte. Es war nicht einfach, sich da einen Überblick zu verschaffen, also blieb sie erst einmal unschlüssig in sicherer Entfernung stehen und betrachtete das Schauspiel kritisch.

Schnell stellte sie fest: Diese Erdölversorgungsanlage war alles außer gewöhnlich. Insgesamt gab es sechs Zapfsäulen. Drei davon lagen auf der linken und parallel dazu auch auf der rechten Seite. Jedoch galten in diesem Hafen der bleihaltigen Benzinkost wohl weder die typischen Regeln der Straßenverkehrsordnung noch sonst irgendwelche Gesetzmäßigkeiten. Ein Muster, nachdem die Autofahrer hier die Zapfsäulen beschlagnahmten, konnte Cora nicht erkennen. Kreuz und quer, vorwärts und rückwärts, durch die Lücken zwischen den einzelnen Zapfsäulen hindurch – auch wenn der SUV zu breit war – versuchten, sich die gereizten Autofahrer Zugang zu verschaffen. Vermutlich hätten sie ihr Auto auch geworfen – wenn sie es gekonnt hätten – nur um als Erster einen Platz an der Zapfsäule zu erhaschen und ihrem Pferdchen Futter zu geben.

Cora schluckte und fuhr zögerlich auf eine frei gewordene Zapfsäule zu, wurde aber im nächsten Moment von einem aggressiv hupenden Porsche so erschreckt, dass sie anhielt und er die Gelegenheit nutze, um seinem Wagen den begehrten Posten zu verschaffen. Cora sah ihn fassungslos an, aber gab sich vorerst geschlagen.

Nach einer Weile des Wartes warf sie einen Blick auf die Uhr. 7 Uhr 28. Oh nein! Das durfte doch nicht wahr sein. Die Zeit rann ihr durch die Finger, nur weil sie sich an die Verkehrsregeln hielt. Als sie erneut eine freie Zapfsäule erspähte, steuerte sie Mare entschlossen darauf zu und hielt auch nicht an, als ein Mercedes-Fahrer ihr bedrohlich nahe kam und ein BMW-Fahrer sie mit seinem Fernlicht blendete. Nachdem sie für einen von ihr finanziell vertretbaren Betrag getankt hatte, hastete sie – als wären eine Horde tollwütiger Hunde hinter ihr her – an die Tankstellenkasse.

„Hallo, die eins", sagte sie nervös mit dem rechten Fuß wippend und drückte dem pickligen Kassierer einen zwanzig Euroschein in die Hände.

Sofort drehte sie sich um und sprintete zurück zu ihrem Auto. „Moment, und Ihr Wechselgeld?", rief ihr der junge Mann mit seiner vom Stimmbruch gezeichneten Stimme nach, doch Cora hatte Mare bereits erreicht. Im Neonlicht der Tankstelle wirkte sein sonst so strahlendes Blau fahl. Er schien sich hier genauso unwohl zu fühlen wie sie. Höchste Zeit zu verschwinden!

Der Rest des Weges verlief ohne besondere Vorkommnisse. Keine Baustelle, keine Straßensperrung, keine Staus.

7 Uhr 42: „Sie haben Ihr Ziel erreicht!", verkündete das Navi stolz und Mare fand auf Anhieb einen Parkplatz. Cora war völlig fertig. Schweißnass und hundemüde. Doch als sie ausstieg, lächelte ihr Mare in seinem schönsten und kräftigsten Ultramarinblau zu. Das ermutigte sie. Cora stülpte ihren Blazer über, atmete tief ein und lief die Treppenstufen zum Büro ihrer zukünftigen Chefin hinauf.

P. C. Fischer, Jahrgang 2002, studiert Medienkulturwissenchaften an der Bauhaus-Universität in Weimar, wo sie auch lebt. Bereits seit ihrem siebten Lebensjahr schreibt sie Kurzgeschichten und Erzählungen. Wenn sie gerade nicht schreibt, schaut sie Filme, die sie im Dienste der Wissenschaft im Rahmen ihres Studiums analysiert.

Jemands Traumauto

's gab einige bewundernswerte Wagen.
Doch dass unschlagbar ich den einen fand,
ließ einst verzückt mich in Gedanken fragen,
das rote Lieblingsauto in der Hand:

„Wie kann man nur solch tolles Fahrzeug bauen?"
Es übertrumpfte alle dies Modell.
So sportlich schnittig, formschön anzuschauen,
und wie gehört man – stark und superschnell!

Mich Spielzeug lang schon nicht mehr int'ressierte,
als ich mit achtzehn in dem Auto saß,
dem für Gewöhnlichkeit ein Preis gebührte.
Und doch ließ auch mit ihm sich geben Gas.

Und dass vom Traumauto aus Kindheitstagen,
das auch für viele andre blieb ein Traum,
so meilenweit entfernt der fahr'nde Wagen,
bemerkt wurd' doch in dessen Inner'm kaum.

Wolfgang Rödig lebt in Mitterfels. Er hat bislang mehr als 800 belletristische Kurztexte in Anthologien, Literaturzeitschriften, Tageszeitungen, Magazinen und Kalendern sowie den Gedichtband „Punkt - Nach Komma, Strich und Faden" veröffentlicht.

Der Rockefeller-Weg

Das Blech auf dem Schrottplatz strahlt eine nahezu glühende Hitze aus. Der Platzchef hat mir einen vagen Hinweis zugemurmelt, wo in etwa mein geliebtes, zerschrottetes Auto liegt. Nach einigem Suchen finde ich es. Mir kommen die Tränen. Die gesamte Beifahrerseite sieht wie wegrasiert aus, als wäre ein Panzer darüber gerollt. Ich bin fassungslos.

Erstehen konnte ich meinen Fiat Jagst 750 von einem Kommilitonen in meinem ersten Studienjahr in Bonn nach zähen Verhandlungen für 750 Mark. Ein für meine damaligen finanziellen Verhältnisse astronomischer Kaufpreis: nur möglich dank schweißtreibender Arbeit in einem Straßenbau-Unternehmen während der Semesterferien. Ich war glücklich, überglücklich. Mein Auto, mein erstes Auto, bezahlt von eigenem Geld. Zu der Zeit bekamen nicht, wie heute, Schüler schon vor dem Abitur ein Auto als Laufersatz geschenkt.

Als ich mit stolz geschwellter Brust mein Gefährt zu Hause vorfahre, fällt mein lieber Vater in eine mittelschwere Ohnmacht. Seine fachkundigen Hinweise: Karosserie zeigt Ansätze von Rostflecken, das Bodenblech ist schon teilweise durchgerostet, die Fahrerfenster-Seite bleibt nicht konstant oben, der Auspuff klappert.

Das Armaturenbrett verfügt neben dem Tachometer über drei Kippschalter: Standlicht, Abblendlicht, Fernlicht. Eine Luxusvariante! Apropos Luxus, die einfachen Sitze in dem 1972 elf Jahre alten Gefährt erweisen sich als Liegesitze. Ein für Anfang der Siebzigerjahre Hollywood-ähnlicher Lebensstil.

Damals ließ sich selbst mit einer fahrbaren Rostlaube bei einigen Mädels punkten, denn eine gewisse Pille trat ihren triumphalen Siegeszug an. Natürlich hätte ich das niemals ausgenutzt. Schließlich dienen Autositze dem Fahren, nicht dem Wie-auch-immer-Liegen. Aber um nicht vom Thema abzulenken, kommen wir zur Sachlage zurück.

Das Schönste war: Meine ganze Freizeit opferte ich dem Auto. Rostlöcher verspachteln, glatt schleifen, dann mit Farbe lackieren, Seitentüren und Heck mit den damals üblichen Aufklebern verzieren, optisch einem Rennwagen ähnlich. Sogar den Motor auseinandernehmen und wieder zusammenschrauben, angesichts der mittelalterlichen Technik kein Thema. Esther, die damalige Liebe meiner damaligen Existenz, bedachte meine immer etwas öligen Finger missbilligend. Dass ich zum Geburtstag nicht einen Kanister Domestos geschenkt bekam, erscheint mir noch im Nachhinein als höfliche Geste.

Ach ja, damit das Fenster auf der Fahrerseite nicht runterfiel, habe ich es mit Streichhölzern festgesteckt. Die Großpackung erwies sich bei Aldi als ausgesprochen günstig. War die Hitze im Sommer zu groß, wurde die Beifahrerscheibe ein Stück runtergekurbelt. Klimaanlage pur!

In meiner unbedachten halbjugendlichen Fantasie fuhr ich Stirling Moss in Grund und Boden, obgleich die 24 PS ein Felsbrocken auf dem Gaspedal erfordert hätten, um final zu beschleunigen.

Das Fernlicht leuchtete ungefähr 4,50 Meter weit. Eine Tankanzeige existierte nicht. Sorgsame Schätzungen nach dem Tanken waren angebracht, um nicht ohne Sprit im Straßengraben zu landen. Und ja, aus unerfindlichen Gründen benötigte mein Automobil Super, den Liter für 38 Pfennig. Schon damals wie heute kannten Ölkonzerne keinerlei Scham. Raffgier – ein ewiges Wappenmotto! Zudem: Eine ADAC-Mitgliedschaft lag fern aller finanziellen Möglichkeiten.

Dennoch tat sich ein wahrer Glücksfall auf. Glücklicherweise protzte ich bei einem Kumpel mit den Liegesitzen in meinem italienisch-deutschen Renner. Ein ungeahnter Run setzte ein. Enge Freunde, gute Kumpels und eine Reihe von unbekannten Bekannten offerierten Verleih Angebote: 2,50 Mark für zwei bis drei Stunden oder 5 Mark für einen Samstag- oder Sonntagabend, für das ganze Wochenende 7,50 bis 10 Mark. Nun ja, ich ahnte, wozu meine fahrbare Parkbucht diente. Schwindelerregende finanzielle Chancen offenbarten sich. Moralische Bedenken fielen hinter den finanziellen silberfarbenen Horizont.

Mein zusammengespachteltes Auto erwies sich für mich als *Goldgrube*. An Wochenenden waren auf einmal schon mal zwei bis drei Bierchen zusätzlich möglich. Auch die eine oder andere Schallplatte erfüllte musikalische Wunschträume. Mir drängte sich der Vergleich mit Rockefeller auf.

Allerdings ergab sich schon bald eine gewaltige Schwierigkeit, denn liebste Esther von allen, bürgerlich-katholischer Herkunft, wir teilten zeitweise Leben und Laken, hasste meine atheistischen Geschäftspraktiken. Ungefähr ein halbes Jahr lang entfielen unsere geheimnisvollen Ausfahrten in die nähere oder weitere Umgebung. Geld oder Liebe? Angesichts meiner prekären Finanzsituation obsiegte die ökonomische Entscheidung, zumal sich unsere Beziehung dem Versprechen von ewiger Liebe als wenig unendlich herausstellte.

Selbst nach unserer Trennung beharrte Esther, die ehemals liebe Freundin, darauf, mein Superauto übernehmen zu wollen, um mich von diesem sündhaften Autoverleih zu befreien. Ob ihr die Bedeutung meines Seelenfriedens vor dem ewigen Fegefeuer und der Hölle schützenswert erschien, kann ich bis heute nicht nachvollziehen. Das Sündhafte an meinem Tun entzog sich mir, schließlich war jeder Leihfahrer für seine eigene Moral und Sitte verantwortlich. Wert legte ich betont auf Hygiene. Das Innenleben meiner Karosse musste so sauber zurückkommen wie ausgeliehen.

Nun gut, nach zähen Diskussionen übereigne ich Esther mein geliebtes Gefährt für 400 Mark. Mit diesem Eigentumsübergang endete unsere emotionale Beziehung. Mein liebevoll gepflegter FIAT war mir Tränen wert.

Ein halbes Jahr nach der Übereignung freuten wir uns bei einem Wiedersehen auf einer Party, heute ein Event, damals nannte man so größere und kleinere Ereignisse oder Zusammenkünfte.

Wir tauschen Erinnerungen aus. Im Verlauf des Abends spielten neben verbalen Reminiszenzen auch emotionale Gedankenspiele eine gesprächsführende Rolle. Nicht zuletzt dem allmählich steigenden Alkoholpegel geschuldet. Esthers Vorschlag, mich nach Hause zu fahren, verweigerte ich. Es gab Streit. Ich beharrte auf meinem Entschluss, die etwas mehr als eine Stunde Fußweg zur Ernüchterung hinter mich zu bringen.

Esther fuhr nach spätem Partyende allein nach Hause. Ihr Alkoholpegel beendete das Dasein einer Ampel und die Beifahrerseite meines italienisch-deutschen Freundes als Schrott.

Zwei Tage später besuche ich Esther im Krankenhaus. Glücklicherweise überstand sie den Unfall relativ unverletzt, lediglich in der

Unterlippe wird eine Narbe an den Abend erinnern. Immerhin erfreulicher, als in einem Eichensarg zu ruhen.

Meinem ersten Auto, ich nannte es Willi, weine ich immer noch nach. Es ist und bleibt eine wirklich erste große Liebe. Gelegentlich denke ich auch gern an Esther – und das noch nach 50 Jahren.

__Karl-Heinz Richter__ geboren 1948, verheiratet, drei Kinder, zwei Enkel; 1976-1983 Grund- und Hauptschullehrer; 1976 Diplom-Pädagoge; 1983-2011 Gymnasiallehrer, als Studiendirektor in Pension; 2019 Masterabschluss in Kunstgeschichte, Veröffentlichungen in Kunstpädagogik und Kunstgeschichte, Beteiligung an Buchprojekten.

Abenteuer Automarkt

Als Kind, das in einem idyllischen Vorort einer nicht gerade kleinen Stadt aufgewachsen ist, wusste ich, dass sich immer Transportmöglichkeiten ergaben, wenn man sie brauchte. Im Stundentakt fuhren Busse, der Bahnhof war ganz in der Nähe und daran, dass ich selbst mal einen eigenen fahrbaren Untersatz benötigen würde, verschwendete ich noch keinen Gedanken. Im Nachhinein würde ich sagen, dass ich in dieser Hinsicht recht verwöhnt war. Ich war vierzehn Jahre alt, da beschloss meine Familie, aufs Land zu ziehen. Wir besichtigten ein kleines beschauliches Dorf und alles, was man so brauchte, war da – sogar eine anständige Busverbindung in die Stadt.

Einige Monate später waren wir dann angekommen, um eine Überraschung zu erleben. Der Metzger existierte nicht mehr und auch der Friseur war weg. Als wir bemerkten, dass auch vom Supermarkt nur noch das Schild am Eingang übrig war, drängte sich uns der Gedanke auf, man hätte uns zuvor kollektiv arglistig getäuscht, um neue Einwohner für den kleinen Ort zu gewinnen. Ich hatte förmlich schon darauf gewartet, dass ganze Fassaden letztendlich lediglich aus Bretterwänden bestanden und dann vom Wind umgeblasen wurden. Zu guter Letzt wurde dann noch die Busverbindung gekürzt, um es den Menschen, welche die Zivilisation – oder wie ich die Schule – erreichen wollten, noch ein bisschen schwerer zu machen.

Schnell reifte also in mir der Gedanke, sobald wie möglich den Führerschein zu bekommen. Dann wurde so lange gespart, bis ein Auto in greifbare Nähe kommen konnte, und die Suche ging los. Dass es kein neuer Wagen werden würde, war mir klar. Zum einen ging dies finanziell gar nicht und zum anderen wollte ich einen etwas älteren kleinen Wagen, der überall hinkam und der es mir verzeihen würde, wenn ich Schussel ihm versehentlich einen Kratzer oder eine Delle zufüge. Wäre mir so etwas mit einem nagelneuen Wagen passiert, wäre ich am Boden zerstört gewesen. Ein älteres Auto, bereits gezeichnet durch viele holprige Wege und abenteuerliche Reisen, würde es mir sicherlich nachsehen.

Der erste Wagen, den ich mir ansah, war ein putziger kleiner Citroën, der durch seine schrill gelbgrüne Farbe auffiel. Als ich einstieg, hatte ich noch ein gutes Gefühl, doch die erste Amtshandlung im Wagen brachte einen vollkommen verschimmelten und stark müffelnden Gurt zum Vorschein. Ich war mir nicht sicher, ob ein derartiger Pelz auf dem Gurt der Gesundheit zuträglich war, und wollte auch nicht jahrelang mit Meeresbrise-Duftbäumen im Wagen herumfahren. Die Suche ging weiter.

Der nächste Wagen, den ich besichtigen wollte, war ein schwarzer Fiat Punto. Auf dem Foto des Inserats sah er perfekt aus und die Bemerkung, dass der Wagen mal einen Unfall hatte, machte mich überhaupt nicht stutzig. Voller Vorfreude bog ich in den Hof und sah den Wagen. Ich war hin und weg. Jetzt musste nur noch innen alles in Ordnung sein und die Probefahrt gut laufen. Ich trat näher heran, noch näher, begann ihn zu umrunden und vermisste schlussendlich einen Großteil des Hecks samt einem Scheinwerfer. Das war kein kleiner Unfall, dieser Wagen war mit einer halben Gnuherde kollidiert.

Ich gab zu, die ganze Sache etwas blauäugig angegangen zu sein, und wunderte mich zugleich, was alles als perfekter Gebrauchtwagen auf dem Automarkt angeboten wurde. Nach weiteren interessanten Begegnungen mit Wagen, die im Innenraum wie ein Tag im Zoo rochen oder gerade im Moment nicht anspringen wollten, aber sonst natürlich perfekt fuhren, gab ich langsam, aber sicher auf.

Und dann sah ich Sammy. Er stand auf dem Hof eines Autohändlers, den ich eigentlich eher spontan und ohne weitere Hoffnungen angesteuert hatte. Der pechschwarze VW Fox, der schon einige Jahre und zwei andere Fahrzeugführer hinter sich hatte, schaute mich frontal an und es war um mich geschehen. Sein linkes Ohr war farblich passend getaped, er hatte kleine Schrammen und unter dem Kofferraumboden tummelten sich allerlei kleine Dinge, die teilweise aus anderen Zeiten und Dimensionen zu stammen schienen.

Ich musste ihn einfach adoptieren.

Fortan war ich unabhängig und spürte die wahre Freiheit. Ich konnte überall hin, wohin ich wollte – also theoretisch, weil meine Familie bei längeren Fahrten Angst um mich hatte. Mein Wagen war ja immerhin schon alt – und alt bedeutete wohl gleichzeitig unzuverlässig.

Sammy jedoch bewies mir über Jahre das Gegenteil. Im Sommer brieten wir aufgrund der nicht vorhandenen Klimaanlage gemeinsam in der Sonne, dafür hielt Sammy mich im Winter ebenfalls richtig schön warm. Die holprigen Landstraßen mit ihren einem Meteoriteneinschlagplatz ähnelnden Schlaglöchern meisterten wir mit Bravour und ich gewöhnte mich schnell an das knarzende und, wie man mir versicherte, ungefährliche Geräusch der Hinterachse, das an den Ruf eines Truthahns erinnerte. Der erste TÜV verlief vorbildlich und ich ertappte mich selbst, wie ich schon ein bisschen stolz auf den alten Herrn war. Über Jahre brachte er mich sicher zur Arbeit und war mit seinen 55 PS immer flink wie ein kleines Kaninchen.

Dann irgendwann holte sein Alter ihn ein.

Es begann mit einer defekten Zündspule. Das erste Mal, als ich mit Sammy liegen blieb, ließ noch die Panik in mir hochsteigen. Der freundliche Helfer vom ADAC hatte mehr Arbeit mit mir als mit dem Auto. Irgendwann, als ich gemerkt hatte, dass das Problem sich wiederholen würde, lag eine Ersatzzündspule im Kofferraum.

Das nächste Problem war kniffliger. Was tun, wenn die Servolenkung ganz plötzlich ausfiel und man die Arme von Hulk brauchte,

um in eine einfache Kurve zu lenken? Sammy lehrte es mich. Ich musste innerhalb des Bruchteils einer Sekunde zu Hulk werden. Nur musste dies aus Rücksicht vor den Mitmenschen möglichst ohne den Farbwechsel passieren und größer sollte man ebenfalls nicht werden, denn viel spontanen Wuchs ließ der Innenraum eines VW Fox nicht zu. Nach diesem Erlebnis hatte ich eingesehen, dass weite Strecken für den alten Herrn nichts mehr waren. Aber wir kamen eine Zeit lang noch gut miteinander klar.

Dann kam der Tag, an dem Sammy einfach keine Lust mehr hatte. Ich brachte ihn mit seiner letzten Kraft zur Werkstatt meines Vertrauens. Die Diagnose war vernichtend – ein Kolbenfresser. Mit anderen Worten war es Zeit, Abschied zu nehmen. Der Meister konnte Sammy nur noch behelfsmäßig flicken, damit mir knapp zwei Wochen blieben, um nach einem neuen Wagen zu schauen. Diese Nachricht war furchtbar für mich, ich wollte doch gar kein anderes Auto.

Mit reichlich Widerwillen streckte ich missmutig meine Fühler aus. Weil der VW Fox nur bis 2011 gebaut wurde und ich keinen rüstigen, blechernen Rentner mehr finden konnte, wurde es letztendlich sein bauähnlicher Nachfolger. Als ich diesen abholte, musste ich Sammy dafür dort stehen lassen – und nichts war mir in dem Moment mehr zuwider.

Ja, es sind Tränen geflossen, auch wenn das manche sicherlich für vollkommen verrückt halten. Natürlich ist es nur ein Ding aus Blech und Plastik. Trotzdem ist das erste Auto immer etwas ganz Besonderes. Es ist ein Teil eines ganz neuen Kapitels im Leben eines jeden. Und es sind wahrscheinlich auch die vielen Erinnerungen, die man damit verbindet und nicht loslassen will, wenn man es zurücklassen muss.

Josie und ich haben uns von Anfang an prächtig verstanden. Sie ist genau so knuffig klein wie Sammy und sogar noch um einiges schneller. Auch ist sie sehr viel jünger und kränkelt noch kein bisschen. Und sollte sie irgendwann mal schwächeln, kann mich nichts mehr aus der Ruhe bringen. Dank Sammy.

Sabrina Nickel, geboren 1988 in Koblenz, wohnt mit ihrer Familie in der schönen Eifel. Wenn sie nicht schreibt, findet man sie in der Gegenwart von Tieren aller Art. Sie unternimmt gerne Städtereisen, besucht Mittelaltermärkte oder stöbert nach außergewöhnlichen Pflanzen.

Feuerzauber
auf der Autobahn

Wer durch die Hölle will ... muss verteufelt gut fahren, war der peppige Aufkleber in meinem ersten VW Golf.

Fast all meine Ersparnisse wanderten für dieses knallrote Modell ins Autohaus. Aber es war ein robuster Gebrauchter, der seinerzeit auch meinen Vater überzeugte – und dass sollte schon etwas heißen – er war sehr kritisch. Nun ja, damit hatte ich ein Ass im Ärmel und gewissermaßen einen Freifahrtschein, allein die nähere Umgebung zu erkunden, ohne dass jemand aus der Familie ständig auf dem Beifahrersitz mitfuhr und mir gute Ratschläge erteilte oder ansagte: „Vorsicht, dort hinten ist eine rote Ampel, du solltest schon mal abbremsen, Fuß vom Gaspedal!"

Nee, diese Art Beifahrer brauchte ich wirklich nicht ständig um mich herum.

Nach einem Jahr muckte mein *Pepito* und musste für eine größere Reparatur in die Werkstatt. Die Kosten waren nicht unerheblich, aber es rechnete sich, da der Kleine noch gut und gerne zwei Jahre bis zum TÜV überstehen würde und vermutlich darüber hinaus. Also beschlossen meine beste Freundin und ich, einen Einkaufsbummel in Münster zu tätigen.

Voller Vorfreude machten wir uns an einem Samstagmorgen auf den Weg zur Autobahn. Das Fahren auf der Autobahn bereitete mir seinerzeit noch einige Sorgen. Ich fuhr zu selten über die Autobahn und hatte nur wenig Übung. Das meine Freundin dabei war, die schon ein Jahr länger Fahrpraxis hatte, war für mich eine große Beruhigung. Bei flotter Musik auf dem rechten Fahrstreifen verlor ich langsam meine Angst vor der Fahrt.

Irgendwann roch es verbrannt und wir öffneten das Fenster – möglicherweise kam der brenzlige Geruch ja von draußen. Fehlanzeige. Der Geruch schien irgendwoher aus dem Pkw zu kommen.

Ein wenig panisch fuhr ich den nächsten Rastplatz an. Da züngelten bereits erste Flammen unter der Motorhaube hervor. Rasch griffen wir nach unseren Taschen, verließen panisch das Auto und warfen die Autotüren zu. Vermutlich dachten wir beide, gleich würde das Auto explodieren, wie man es aus den amerikanischen Krimiserien der 80-er Jahre kannte – oder was auch immer passieren …

„Was sollen wir jetzt bloß machen?", fragte ich Gabi und in unserer Not fassten wir einen gewagten Plan. Auf dem Parkplatz standen viele ausländische Lkw, doch ein Wagen kam aus Hamburg. Der Fahrer saß mit einer Zeitung, seinem Kaffee und der Brotbox auf dem Fahrersitz. Vorsichtig klopfte meine Freundin an die Türe.

„Hallo, wir haben ein Problem! Offensichtlich handelt es sich um einen Pkw-Brand …" Sie sprach abgehackt und in hastigen Worten. „… könnten Sie uns wohl helfen?", hörte ich sie ratlos fragen.

Verständnislos sah der Fahrer sie an, als hätte sie von einem Ufo auf der Autobahn gesprochen. Da sie ihn mit ernstem Gesicht anblickte, stieg er langsam aus der Fahrerkabine. Im Nachhinein möchte ich nicht wissen, was der Mann dachte, als er uns dort so hilflos stehen sah.

Meine Freundin schilderte ihm in kurzen Worten, was geschehen war, während ich erschüttert an der Seite stand und immer noch kein Wort herausbrachte. Teilnahmslos sah ich zu, wie er mit einem alten Putzlappen zur Haube ging und bat, dass wir sie öffnen. Immer noch schwankend zwischen Panik und Angst ging ich zu meinem Auto. Beherzt zog ich am Hebel und er hob die heiß gewordene Haube. Mit dem Tuch löschte er die Flammen und besah sich interessiert den Innenraum.

„Na, da hat die Werkstatt aber nicht aufgepasst", brummte er.

Das Problem war rascher behoben, als wir dachten: In der Werkstatt hatte man auch Öl nachgefüllt. Etwas davon war auf den Motorblock getropft. Durch ein Rohr, welches auf den Motorblock eingestellt war, um selbigen im Winter rascher zu erwärmen, hatte sich das verschüttete Öl entzündet.

Der freundliche Fahrer schraubte ein wenig herum, veränderte die Stellung des Rohres und erklärte: „Jetzt dürfte es keine Probleme mehr geben!"

Mit Erleichterung bedankten wir uns, drückten dem verblüfften Mann einen Geldschein in die Hand, was er zuerst dankend ablehnte. Wir blieben standhaft wie erleichtert, dass diese Sache so glimpflich für uns abgelaufen war. Schlimmer wäre es gewesen, wenn wir Gabis Freund oder jemanden aus der Familie hätten anrufen müssen, um Hilfe zu erbitten. Das hätte den Tratsch erst richtig entfacht. Überwältigt vom Erlebten und der unkonventionellen Hilfsbereitschaft des Fahrers verabschiedeten wir uns von ihm und fuhren wieder mit einem mulmigen Gefühl los.

An der nächsten Abfahrt verließen wir die Autobahn. Die Lust auf einen Einkaufsbummel war uns gründlich vergangen. Über die Bundesstraße zuckelten wir langsam heimwärts. Autobahnfahrten waren für mich nach diesem Erlebnis zunächst kein Thema mehr!

Wir beide haben übrigens daheim bis heute nichts von unserem *Feuerzauber auf der Autobahn* erzählt.

*Die Autorin **Valerie** wuchs am Rand des Münsterlands auf, wo sie heute wieder wohnt. Erlebnisse wie eigene Geschichten schrieb sie immer wieder mal auf. Irgendwann beteiligte sie sich an Wettbewerben, wo einige ihrer Kurzgeschichten in Anthologien veröffentlicht wurden.*

Der Bus

Heute wird es bestimmt ein guter Tag. Da kommt ja schon mein Lieblingsfahrer, der Axel. Mit dem fahre ich gern. Der bremst immer ganz vorsichtig und fährt in den Kurven nicht zu schnell. Er ist gut gelaunt, ausgeschlafen und prüft als Erstes, ob bei mir alles in Ordnung ist. Ich bin sauber, alle technischen Teile funktionieren und vollgetankt bin ich auch. Also los, Axel, gehen wir auf Tour.

Axel lenkt mich zur ersten Haltestelle. Weil es noch sehr, sehr früh am Morgen ist, stehen dort nur wenige Fahrgäste, die mitkommen wollen. Das sind bestimmt diejenigen, die zum Beispiel in Krankenhäusern ganz früh zum Schichtwechsel müssen. Axel öffnet durch einen Knopfdruck die Tür und alle steigen ein und nehmen Platz. Es ist ruhig in mir.

Einige Zeit später ändert sich die Fahrgastmenge. Jetzt steigen diejenigen ein, die zwar auch zur Arbeit müssen, aber etwas später beginnen. Es wird zwischen manchen Haltestellen schon unangenehmer für meine Fahrgäste. Alle Sitzplätze werden besetzt und im Gang stehen ebenfalls Personen. Alle Stehenden halten sich mit einer Hand an den Haltestangen fest, während einige von ihnen mit der anderen Hand auf ihrem Handy etwas Herumtippen.

Wenn dann der Schulbeginn immer dichter kommt, wird es in mir richtig rappelig. An einigen der Haltestellen, an denen die Schülerinnen und Schüler zusteigen, entsteht ein Gedrängel, sodass ich manchmal: „Vorsicht!" rufen möchte, damit ich dort keinen mit meinem über die Vorderräder stehenden Busteil beim Heranfahren umstoße und verletze. Wenn's ganz schlimm ist, hupt mein Axel. Dann springen die Jungs oder Mädchen schnell zurück auf Abstand.

In mir ist es jetzt voll. Die Lautstärke in mir steigt. Na, und das Geschiebe und Gedrängel setzt sich in mir fort, so wie ich es beim Heranfahren gesehen hatte.

„Au Mann", möchte ich manchmal rufen, „seid doch mal ein wenig leiser und vernünftiger." Aber das geht ja nicht. Wenn es Axel zu viel wird, dann ruft er die Krachmacher über die Lautsprecher in mir zur Ruhe. Hilft oft. Wenn aber der Krach und die Unruhe fortgesetzt werden, dann droht er damit, mich zum Anhalten zu bringen und die Störenfriede zum Aussteigen zu bewegen. Das hilft. Meistens.

An der Haltestelle vor der Schule öffnet Axel alle Türen. Die Schülerinnen und Schüler verlassen mich. Sie verlassen mich nur bis zu dem Moment, wenn ihr Unterricht beendet ist und die Rückfahrt nach Hause ansteht. Dann geht der ganze Trubel wieder los. Allerdings nur, wenn ich zufällig der Bus bin, der als Erster zum Schulschluss an ihrer Schulhaltestelle ankommt. Ist ja nicht jeden Tag. Manchmal sind diejenigen, die bei der Hinfahrt besonders aufgedreht sind, auf der Rückfahrt sehr still. Da hatte es wohl im Unterricht eine schlechte Zensur gegeben?

Nachdem die Schülerinnen und Schüler vor der Schule abgesetzt sind, machen sich viele Erwachsene auf den Weg zum Einkaufen, zum Friseurbesuch, zum Arztbesuch oder zu anderen Stellen.

Ab und zu steigen auch Fahrgäste bei mir ein, die verreisen wollen. Die schleppen dann meist große Koffer oder Taschen. Ich soll sie dann zum Bahnhof befördern, von wo aus sie mit dem Zug zum Urlaubsort fahren oder sie fahren weiter zum Flugplatz, um hier ihre Urlaubsreise anzutreten. Die vollen Koffer, die sie dann in mir abstellen, sind teilweise sehr schwer. Da muss ich mich ganz schön anstrengen, Fahrgäste und Gepäck zu tragen. Und wenn es dann auf der Fahrstrecke auch noch bergauf geht, da wird mir ganz schön heiß vor Anstrengung.

An den Endhaltestellen darf ich mich, ebenso wie mein Axel, von der Schlepperei der Fahrgäste und des Gepäcks, erholen. Nach der Pause fahre ich die gleiche Strecke wieder zurück. Mit neuen, ständig anderen Fahrgästen.

Neulich waren ein Kind und seine Mutti meine Fahrgäste. Ich brachte sie zur Haltestelle in der Nähe eines Kinderarztes. Das Kind sah sehr traurig aus. Seine Mutti hatte es auf den Platz neben sich gesetzt, sodass das Kind sich an seine Mutti anlehnen konnte. Beide saßen still auf ihren Plätzen. Das Kind schien krank zu sein. Immer wieder streichelte die Mutti über das Haar des Mädchens. Kurz vor der Haltestelle standen sie auf und gingen zur Tür. Nach dem Öffnen verließen mich beide. Ich konnte noch sehen, dass sie direkt auf die Eingangstür zum Haus gingen, in dem sich der Arzt befindet. Dann musste ich mit zugestiegenen Fahrgästen weiter.

Zufällig kam ich gerade an der Haltestelle auf der gegenüberliegenden Straßenseite an, als beide aus der Eingangstür des Arztes kamen. Wir hatten noch etwas Zeit und auch Alex sah die beiden. Er wartete mir dem Türschließen, bis das Mädchen mit ihrer Mutter über den Fahrdamm kamen und in mich einstiegen. Dem Mädchen hatte der Arzt helfen können. Es sah schon viel fröhlicher aus. Da war ich aber auch froh. Meine Weiterfahrt fiel mir gar nicht mehr so schwer.

Am Nachmittag war die Fahrschicht für Axel beendet. Er wurde von Peter abgelöst. Ich musste noch ein paar Stunden weiterfahren. Peter bremst ein wenig später als Axel und ist auch in den Kurven ziemlich schnell. Da müssen sich die Fahrgäste ganz anständig an den Haltestangen und Griffen festhalten. Und auch für mich ist das nicht schön. Aber auch das ist am Abend vorbei. Nämlich dann, wenn ich wieder auf den Betriebshof gefahren, gereinigt und betankt werde und ich dann für ein paar Stunden über den Tag nachdenken kann. War doch wieder ein abwechslungsreicher, schöner, ein guter Tag.

Und wann darf ich dich befördern? Vielleicht hat dann auch Alex zufällig Fahrdienst mit mir. Wir würden uns freuen, dich ein Stück deines Weges zu begleiten.

Charlie Hagist *wurde 1947 in Berlin-Steglitz geboren. Nach Grund- und Oberschule absolvierte er eine Ausbildung zum Bankkaufmann. Während seiner Tätigkeit in der Personalabteilung des Hauses bildete er sich zusätzlich zum Personalfachkaufmann (IHK) weiter. Ehrenamtlich war er als Richter am Amtsgericht Berlin-Tiergarten, am Sozialgericht Berlin und danach am Landessozialgericht Berlin tätig. Charlie Hagist ist verheiratet, hat einen Sohn.*

Metallic Lila

Schon seit Tagen sehe ich meinen Vater kaum. Ehrlich gesagt, nervt es mich sehr. Meine Mutter meint zwar, dass er eben beschäftigt ist, aber ich bin nun mal ein Papakind.

Ich lege meine Jacke über meinen Bürostuhl und schalte den PC an. Schnell klicke ich auf das Spiel, was wir eigentlich immer zusammen meistern. Mein Blick geht kurz auf den Nickname meines Vaters, der in Grau dasteht.

Seufzend drücke ich auf die Auswahl der Autos. Mein Favorit ist natürlich der 1967er Chevrolet Impala. Nicht erst seit ich sechzehn bin und offiziell *Supernatural* sehen darf, bin ich Fan der Serie. Es begann eigentlich schon sehr früh.

Mein Vater hatte ein Modell zum Basteln gekauft, den habe ich als Achtjährige gemopst und damit gespielt. Irgendwann hat mein Vater davon erfahren, doch statt zu schimpfen, ist er in den Laden gegangen und hat noch mal so ein Modell gekauft. Wir haben es zusammengebastelt, bis er fertig war. Um unsere beiden Impalas zu unterscheiden, habe ich Mamas Lieblingsnagellack benutzt, um ihn zu bepinseln. Zugegeben habe ich auch extra danach gesucht, weil ich die Farbe sehr schön fand. Meine Aktion kam nicht so gut bei ihr an, aber das hab ich hingenommen, denn er funkelte in Lilametallic.

Und als ich endlich so alt war, die Serie sehen zu dürfen, verstand ich auch, was dieses Auto ausmacht und warum mein Vater es geholt hatte. Es ist einfach ein Teil, was sich wie Familie anfühlte. Im Grunde ist es wie bei uns.

Gerade als ich auf *Rennen starten* klicken will, klingelt mein Handy. „Alles Gute zum Geburtstag", vernehme ich gleich meine Tante, als ich das Gespräch annehme.

„Danke."

„Schade, dass ich nicht da sein kann."

„Du hast dich entschieden, nach England zu ziehen."

„Wohl wahr. Aber erzähl, wie geht es dir? Lässt du dich heute noch feiern? Und wer hat alles daran gedacht?"

Ich lache auf. „Ganz gut eigentlich. Mama hat mit meinen Freunden eine Feier geplant. Den Achtzehnten muss man feiern, sagt sie."

„Recht hat sie."

„Aber Lust hab ich, ehrlich gesagt, nicht drauf."

„Warum das denn?"

„Papa, er ist gerade kaum da."

„Oh", macht sie. „Aber deine Feier lässt er sich bestimmt nicht entgehen."

„Keine Ahnung, es ist irgendwie komisch."

„Hey, Kopf hoch, du bist jetzt achtzehn."

„Aber mit dir und Onkel ..."

„Nein", unterbricht sie mich sofort, „das ist eine ganz andere Situation gewesen. Davon ab glaube ich nicht, dass mein Bruder auch nur ansatzweise jemand anders im Kopf hat außer dich und deine Mama."

„Aber wo ist er die ganze Zeit?"

„Ich weiß es nicht", seufzt sie, „aber glaub mir, dein Papa ist nicht wie mein Ex-Mann."

Nun ächze ich. „Ich hoffe es."

„Ich bin da", ruft meine Mutter durch das Haus und meine Tante lacht auf.

„Dann geh mal zu ihr."

„Bis bald, Tante." Ich lege das Handy beiseite und gehe in die Küche, wo meine Mutter gerade den Einkauf verräumt.

„Na, du Erwachsene", sagt sie zu mir.

„Na, du noch Erwachsenere."

Sie lacht auf. „Ich war gerade im Saal, der ist richtig schön geschmückt."

Ich greife nach den Äpfeln und wasche sie ab. „Ich will eigentlich gar nicht feiern."

„Warum nicht?" Als ich zu ihr blicke, hat sie ihre Stirn in Falten gelegt. „Bist du krank?"

„Nein." Tief atme ich durch. „Es geht um Papa."

Sie nimmt mich in den Arm und streicht über meinen Rücken. „Glaub mir, das hat bald ein Ende." Auch wenn sie mir aufmunternd zulächelt, sagt mir mein Bauchgefühl etwas anderes. Sie hebt mein Kinn, wie sie es schon immer getan hat. „Und jetzt mach dich fertig, ab 17 Uhr kommen deine Gäste und wir sollten vorher da sein."

„Okay, aber ich bin immer noch nicht in Stimmung."

„Wird kommen, wart ab. Die Geschenke werden dich umhauen."

Kurz hebe ich meine Mundwinkel, gehe Hände waschen und mich umziehen. Zum Schluss fahre ich den PC noch hinunter und ärger mich, dass ich nicht wenigstens eine Runde gefahren bin.

Der Saal ist in Lila, Schwarz und Silber geschmückt. An einem großen Luftballonbogen hängen die Zahlen Eins und Acht. Die Tische sind in einem Kreis aufgestellt. Darüber funkelt eine Discokugel. Je näher wir dem Büffet kommen, um so mehr riecht es nach gegrilltem Fleisch und Knoblauch. Die Wärmeboxen will ich gerade lieber nicht aufmachen.

„Hey, alles Gute", höre ich meine beste Freundin Monika, die gerade ihr Geschenk auf einen Tisch legt.

„Danke dir", antworte ich und nehme sie in den Arm.

„Heute wird gefeiert."

„Hallo, Monika", kommt von meiner Mama. „Schön, dass du da bist."

„Das würde ich doch nie im Leben verpassen wollen." Sie grinst breit.

Ich mustere die beiden Frauen. „Was geht hier vor?"

„Dein Geburtstag", sagt meine beste Freundin und zieht mich in die Mitte des Kreises. Sobald wir inmitten des Raumes sind, beginnt Musik. Eigentlich habe ich darauf keine Lust, aber sie bringt mich dazu, daran Spaß zu haben. Andere gesellen sich zu uns.

Wir essen und feiern. Auf einmal werde ich angetippt. Als ich mich umdrehe, erblicke ich meinen Vater.

„Papa", ruf ich aus und umarme ihn.

„Alles Gute zum Geburtstag, meine Kleine."

„Wir sind gleich groß", brumme ich.

Daraufhin lacht er und zieht mich aus der Menschenmasse.

Als wir den Saal verlassen, nehme ich meinen Mut zusammen. „Was ist los?", frage ich und gefühlt verkrampft sich mein Magen noch mehr.

„Ich habe gehört, du hast dir Sorgen gemacht."

„Du bist seit Tagen kaum zu Hause und …"

„Und darum denkst du gleich, ich bin wie dein Onkel und verlasse euch?"

Ich zucke mit den Schultern. „Der war auch oft lange arbeiten."

Seufzend nickt er. „Das war er, da gebe ich dir recht." Wir gehen um das Gebäude. „Aber ich liebe euch und würde meine beiden liebsten Frauen niemals verlassen."

„Warum warst du dann so selten zu Hause?"

„Weil ich dein Geburtstagsgeschenk zusammengebaut habe."

Ich bleib stehen und sehe ihn an. „Zusammengebaut?"

Nickend lacht er und schiebt mich weiter. „Wirst du sehen."

Wir biegen um die Ecke, wo der Eingang ist. Normalerweise ist der erhellt, doch jetzt ist er stockfinster.

„Bleib hier stehen", flüstert er mir zu und lässt mich los. Nach ein paar Schritten ist er von der Dunkelheit verschluckt.

Plötzlich geht das Licht an. Alle meine Freunde sowie meine Verwandten stehen draußen, sie beginnen „Happy Birthday" zu singen. Es ist mir peinlich und macht mich aber gleichzeitig glücklich. Mama und Papa sitzen auf etwas. Aber erst als ich näher komme, erblicke ich die Motorhaube eines Autos. Die Gäste gehen beiseite und zeigen ein Auto, das metalliclila glänzt.

„Es ist kein Impala", sagt mein Vater, „aber ich dachte mir, so lange er funkelt, gefällt er dir trotzdem."

„Das hast du gemacht?"

Lachend nickt er. „Ja, darum war ich nach der Arbeit nicht da, ich habe ihn umgebaut und lackiert."

„Papa, du bist der Beste." Schnell spring ich ihm um den Hals.

„Jetzt wird getestet", sagt Monika und Mama hält mir den Schlüssel hin.

Mein erstes Auto. Ich kann es nicht fassen.

Luna Day lebt mit ihrer Familie in Augsburg.

Der Micra

Der Nissan Micra wurde 1993 zum Leben erweckt.
Stählern sauber sah er aus – wie geleckt.
Er fuhr über Berge, Tal oder Feld,
jedes Jahr steckte ich dort hinein mein Geld.

Ich brauchte keinen anderen Wagen,
denn er konnte mich überall hintragen –
ob Ost, Süd, West oder Nord,
er brachte mich sicher zu jedem Ort.

Ich wurde älter und sehr weise,
doch der Micra blieb auf meiner Reise
immer treu an meiner Seite,
so bereisten wir die Weite.

Die Jahre zogen schnell ins Land,
der Micra trug längst ein neues Gewand,
denn sein Fahrer hatte eine Gabe
und so brauchte er nur Pinsel und Farbe
und macht ihn mit aller Macht
zu einer wahren Augenpracht!

So schnurrte er über 30 Jahre lang
und dann das Alter in ihn drang.
Erst es nur nach Rost roch,
doch beim TÜV fand man ein Riesenloch.
Skeptisch schaute er über den Micra drüber:
„Auch der Kupplungsring ist hinüber!"

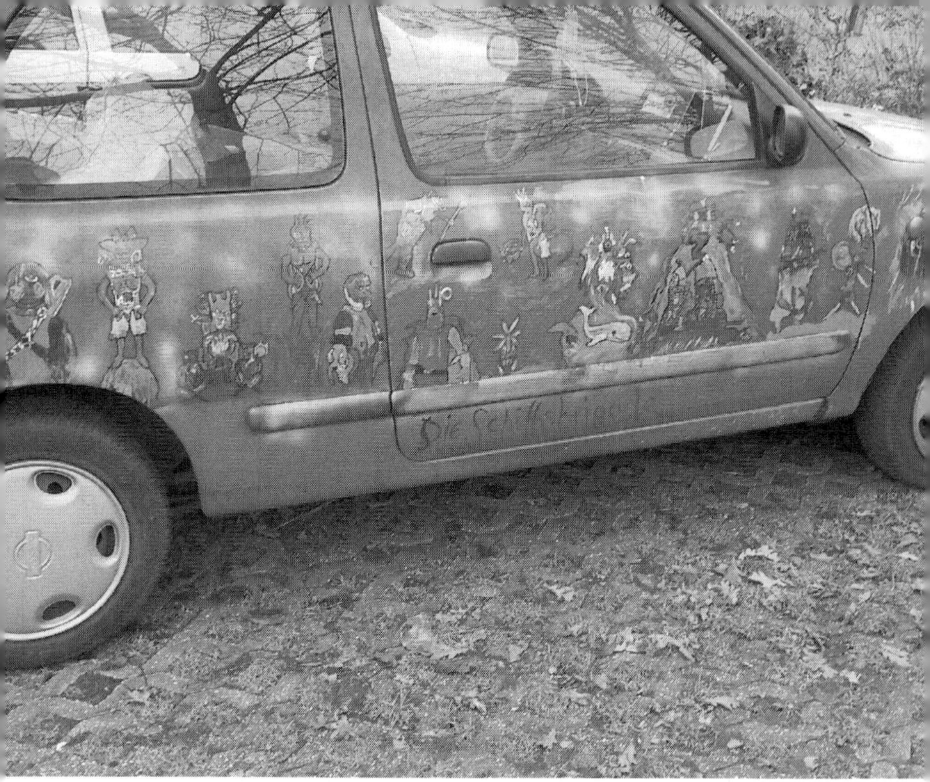

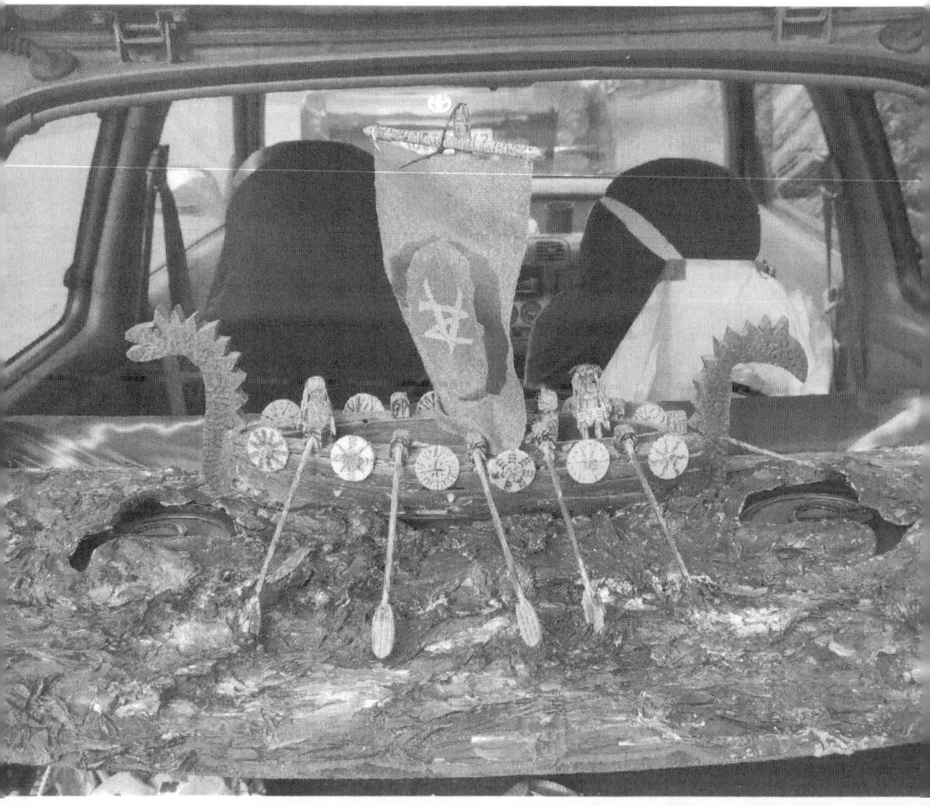

Ein neuer Nissan musste her,
baugleich zu finden, sehr schwer.
Diese Operation hatte einen hohen Preis –
die Schweißgeräte liefen heiß

Spachteln, schrauben, hämmern, schleifen,
auch brauchte er neue Reifen.
Die Arbeit hatte viel gebracht,
denn mein Micra nun wieder lacht.

Für weiter zwei Jahre wird er leben,
dafür musste ich ihr etwas besonderes geben.
Und so baute ich in sie hinein –
ein Wikingerschiff sollte es sein –
goldener Innenraum und bunte Türen,
er sollte meine Liebe spüren.

Ich würde meinen Micra nie freiwillig hergeben,
er gehört einfach zu meinem Leben.

Volker Naylor *wurde 1980 in Bonn Godesberg geboren, da seine Eltern bereits in jungen Jahren seine kreative Seite entdeckten, schickten sie ihn auf eine Waldorfschule, wo er diese uneingeschränkt ausleben konnte. Danach machte er eine Ausbildung zum Koch. In seiner Freizeit betreibt er weiterhin diverse Kunstprojekte, die unter anderem das Schreiben und Malen von Geschichten beinhalten.*

Totalschaden
mit Happy End

Ich weiß es noch genau, es war an einem Donnerstag, als ich fluchend nach Hause kam und meinen Eltern verkündete: „Ich kaufe mir jetzt ein Auto!"

Dass sie dabei fast vom Stuhl fielen, war kein Wunder, hatte ich doch meine zweijährige Probezeit mit Bravour bestanden, da ich bisher – wenn es hochkam – vielleicht 100 Meter gefahren war. Und das auch nur kurz nach meiner Prüfung. Mein Vater hatte mir damals stolz die Wagenschlüssel des Familienautos gegeben und ich hatte sie mit mulmigem Gefühl entgegengenommen. Wagen an, aus der riesigen Parklücke mit 0,1 Stundenkilometern raus und berghoch bis zur Kreuzung, wo ich anhalten musste. Warten, warten, warten, bis ich an der Reihe war mit Losfahren. Langsam den Fuß von der Kupplung, Gas geben und … aus. Das ganze Spiel wiederholte sich circa fünfmal. Immer mehr Autofahrer gesellten sich zu dem Schauspiel dazu, und als das Hupkonzert einsetzte, tauschten mein Vater und ich die Plätze. Er mit entschuldigenden Gesten in alle Richtungen und ich mit hochrotem Kopf.

Aber an diesem Donnerstag hatte mich der Bus, der mich zur Ausbildungsstelle bringen sollte, zum dritten Mal enttäuscht. Zuerst war er montags wegen Überfüllung an mir vorbeigefahren, dienstags fuhr er gar nicht und donnerstags musste er wegen Motorschadens anhalten. Daraufhin war ich auf dem Heimweg beim Autohändler vorbeigelaufen und hatte ein süßes, kleines, blaues Auto mit bunten Streifen entdeckt. Mädchen achten halt auf diese Dinge.

Davon erzählte ich meinen erstaunten Eltern nun und sie fuhren tatsächlich sofort mit mir dorthin. Vermutlich waren sie so glücklich, dass sie das Geld für den Führerschein nicht umsonst ausgegeben hatten, dass sie sogar mit mir zum Mond geflogen wären, wenn dort mein Traumauto gestanden hätte.

Beim Autohändler angekommen, präsentierte ich ihnen mein Fundstück. Ich betonte immer wieder den Preis, die hübsche Farbe, die Größe, aber die Mienen meiner Eltern sahen nicht überzeugt aus.

Ich rechne ihnen bis heute ihre Diplomatie an, indem sie mir mit blumigen Worten vermittelten, dass dieses Auto vermutlich schon bald das Zeitliche segnen würde. Meine Mundwinkel fielen nach unten. Aber Eltern wären ja nicht Eltern, wenn sie nicht sofort eine Lösung parat hätten. Die Lösung war das Autohaus, wo sie selbst schon seit Jahren ihre Autos kauften.

Nach einem kurzen Telefonat hatten wir einen Termin. Zuerst wurde uns ein weißer Corsa präsentiert, der schon einige Vorbesitzer gehabt hatte. Dann kam ein grüner Fiesta dran, der bereits ziemlich viele Kilometer gelaufen war. Und schließlich kamen wir zu ihm, einem schwarzen Corsa mit Faltdach, Heckspoiler und Sportlenkrad. Ich strahlte, meine Eltern strahlten und auch der Verkäufer strahlte. Ich musste mein Sparbuch dafür plündern und meine Eltern gaben den Rest noch dabei, aber dieses Auto war mein.

Und eine Woche später durfte ich es abholen. Ich würgte ihn das erste Mal auf dem Hof des Autohauses ab und hielt danach den Verkehr auf, weil ich durchgehend 40 Stundenkilometer fuhr, aber mich störte es nicht. Ich war im siebten Autohimmel angelangt. Zu Hause angekommen, präsentierte ich zuerst meinen Eltern mein erstes Auto.

„Und? Hat der auch ein Ersatzrad?"

„Natürlich, direkt unter dieser Abdeckung", sagte ich und hob dabei die Abdeckung vom Kofferraum hoch. Und da war … nichts. Mein erster Ausflug mit meinen Eltern war also zum Autohändler, der mir sofort ein Ersatzrad für mein Auto mitgab.

„Kannst du überhaupt ein Rad wechseln?", fragte mein Vater auf der Rückfahrt.

Ob ich ein Rad wechseln konnte? Pfff, das konnte doch jeder. Wagenheber unters Auto, die Dinger mit dem Dingsbums losdrehen, Rad runter, neues Rad drauf, die Dinger wieder mit dem Dingsbums dranschrauben.

„Klar", war daher meine Antwort.

„Okay, dann los."

„Was?"

„Fahr in die Garage und zeig mir, wie man einen Reifen wechselt." Okay!

In der Garage angekommen, stiegen wir aus. Ich schaute zu meinem Vater und er schaute zu mir. Das Spiel ging einige Sekunden, bis er mir andeutete, dass ich jetzt loslegen könnte. Um die ganze Sache abzukürzen:

Zuerst musste mir mein Vater erklären, dass der Wagenheber wohl im Kofferraum lag. Dann musste er mir zeigen, wo man den Wagenheber ansetzte, nachdem er ihn mühevoll unter meinem Auto wieder hervorgezogen hatte. Ich war der festen Überzeugung gewesen, dass man ihn ganz weit unters Auto stellen musste. Und als wir zu dem Teil kamen, an dem man die Dinger mit dem Dingsbums losdrehen musste, kapitulierte ich. Ich bekam die Dinger nicht ab.

Der Kommentar meiner Mutter war: „Pack dir ein kurzes Röckchen ein und schau traurig drein, dann hält vielleicht ein junger Mann und hilft dir."

Zum Glück hatte ich nie einen Platten.

Aufgrund meines fehlenden Fachwissens erklärten mir meine Eltern auch noch, wie man den Ölstand prüfte, und erzählten, dass immer genug Öl im Fahrzeug sein müsse. Ich war verwirrt, dachte ich doch immer, dass Autos mit Benzin fahren. Dann gingen sie mit mir noch einige Dinge durch, von denen ich mir nur merkte, dass man früher für irgendwas Strumpfhosen im Auto liegen hatte. Keine Ahnung, ob ich das auch tun sollte, aber ich beschloss, zu dem kurzen Röckchen auch mal eine Strumpfhose zu legen. Sah eh besser aus. Schließlich fuhren wir noch zur Tankstelle, wo ich prompt die Luft aus meinem Reifen ließ.

Ich habe es übrigens nie gelernt, mit dem Reifenluft-Auffüll-Dingsbums umzugehen. Bis heute lasse ich das jemand anders machen.

Nur das Tanken, das bekam ich auf Anhieb hin. Und wie durch ein Wunder hab ich auch nur einmal Benzin statt Super getankt. Was aber nicht so schlimm war, wie meine Mutter mir erklärte und meine Tränen trocknete.

Und so fuhren der kleine schwarze Corsa mit Faltdach, Heckspoiler und Sportlenkrad und ich glücklich durch die Gegend.

Bis zu dem verhängnisvollen Tag.

Es war ein Freitag. Auf dem Weg nach Hause war ich noch kurz an der Tanke rausgefahren und hatte vollgetankt fürs Wochenende. Doch es versprach kein schönes Wochenende zu werden. Es goss wie aus Kübeln und die Scheibenwischer packten die Wassermassen kaum. Die Ampel vor mir zeigte rot und ich hielt. Hinter mir hörte ich quietschende Reifen und ich dachte noch: „Welcher Idiot muss denn bei dem Wetter so stark abbremsen!" Es war der Idiot hinter mir, wie ich im Rückspiegel sah. Tja, leider kam er bei seiner Bremsaktion immer näher und näher und dann sah ich kurz Sterne blitzen. Der Krankenwagen auf der Gegenfahrbahn hielt sofort an und übernahm die Erstversorgung. Ich selbst bekam davon nicht viel mit, ich sah immer nur mein schönes Auto. Na ja, das, was davon übrig war. Mir war klar, dass das ein wirtschaftlicher Totalschaden sein musste. Wut kochte in mir hoch und ich eilte zu dem Idioten, der meinen kleine Corsa hingerichtet hatte.

„Haben Sie keine Augen im Kopf?", schrie ich dem Typen entgegen, der mit dem Rücken zu mir stand und die kaputten Autos betrachtete.

Er drehte sich um und ich sah … den Mann meiner Träume. Er war etwas größer als ich, hatte ein markantes Gesicht und starrte mich erschrocken mit den blauesten Augen an, in denen ich mich sofort verlor. „Es tut mir so leid", stammelte er.

Sicherlich dachte der Sanitäter bei meinem glückseligen Lächeln, dass ich einen kräftigen Schlag bei dem Aufprall abbekommen haben musste, und nahm mich mit ins Krankenhaus, wo man ein Schleudertrauma feststellte.

Was soll ich sagen, dass Schleudertrauma ist mittlerweile weg, aber den *Idioten* hab ich immer noch. Neben unserem Hochzeitsfoto hängt ein Bild von meinem kleinen, schwarzen Corsa mit Faltdach, Sportlenkrad und Heckspoiler, der sein Leben für eine gute Sache geopfert hat.

Thordis Ziemons: *Geboren wurde sie Ende der 1970er im schönen Bergischen Land, wo sie noch heute mit ihrer Familie lebt. Geschichten liebt sie seit jeher – insbesondere sie sich selbst auszudenken. Veröffentlicht wurden schon ein paar Geschichten von ihr. Und auch wenn sie hier mehrere Geschichten zusammengefasst und ein klein wenig geflunkert und hinzugedichtet hat, so sind die Ereignisse doch so – oder so ähnlich ;-) – geschehen.*

Mein geliebter Pannenwagen

Mein erstes Auto bringt mich regelmäßig auf die Palme. Vor vier Jahren habe ich es zu meinem 18. Geburtstag von meinen Eltern übernehmen dürfen. Es hat noch nicht viele Kilometer runter, aber schon die eine oder andere größere Reparatur hinter sich.

Das erste Jahr mit meiner kleinen Knutschkugel war wunderbar. Ich habe die neue Freiheit genossen und bin regelmäßig auch längere Strecken gefahren, um Freunde zu besuchen oder irgendetwas Schönes zu unternehmen.

Eines Tages geschah etwas Unerwartetes: Ich würgte meinen vierrädrigen Liebling zum ersten Mal ab. Das war mir noch nie passiert, denn eigentlich kam ich mit der Kupplung immer gut zurecht. Nur das Auto meiner Mutter war beim Anfahren nicht ganz so lieb wie mein eigenes. Ich zweifelte schon an meinen Fahrkünsten, doch nur wenige Kilometer später kam schon das nächste und ich musste feststellen, dass meine Kupplung nicht mehr kam.

Natürlich war ich mit der Situation zuerst vollkommen überfordert und wusste nicht, was ich tun sollte. Ich fuhr erst eine Weile weiter, blieb dann aber irgendwann stehen. Danach leuchteten alle Warnleuchten auf und mein Gefährt ließ sich nicht mehr anschalten.

Ich war froh, dass meine Mutter an dem Tag dabei war, sonst wäre ich vollkommen hilflos gewesen. Wir haben dann direkt den Pannendienst gerufen und brav gewartet. Es ging nur blöderweise irgendwie alles nicht so schnell. Keine Ahnung, wie lange wir warten mussten, aber als dann endlich der Abschleppwagen kam, war es schon stockduster.

Das Beste kommt aber noch: Während wir da standen und warteten, wurden wir regelmäßig angehupt. Wir hatten Warnwesten an, hielten uns auf dem anliegenden Feld auf und das Warndreieck stand mit ausreichend Abstand – und für alles andere konnten wir nun mal nichts. Aber beim nächsten Mal bleibe ich dann auf einem Parkplatz liegen, kein Problem, gebe ich so an mein Auto weiter, es wird sich ganz bestimmt daran halten.

Nun gut, irgendwann kam dann also der nette Herr, der uns samt Auto aufgeladen und zum nächstgelegenen Autohaus gebracht hat. Dort bekamen wir dann einen Mietwagen und konnten endlich nach Hause.

Ein paar Tage später bekamen wir den Anruf, dass wir mein Auto wieder abholen könnten, da keine Reparaturen vorgenommen werden mussten. Es war alles in Ordnung und es gab keine Defekte, die das Liegenbleiben in irgendeiner Art und Weise hätten begründen können.

Also ab nach Hause und tatsächlich lief alles prima. Für ein paar Monate konnte ich wieder ganz normal umherfahren, auch wenn ich für längere Strecken dann vorsichtshalber doch lieber auf die Autos meiner Eltern zurückgegriffen habe.

Dann kam jedoch der Tag, an dem ich meine Limousine für nicht ganz so reiche Singles oder kleine Familien wieder für eine lange Strecke genutzt habe, um mit meinen Freundinnen einen Ausflug zu machen. Schließlich war im Autohaus ja nichts entdeckt worden und die letzten Monate lief alles rund.

Der aufmerksame Leser kann sich wahrscheinlich schon denken, dass dieser Tag auch nicht so gut endete. Auf dem Rückweg habe ich wieder die streikende Kupplung bemerkt und wollte noch bis zum nächstgelegenen Parkplatz eines Fast-Food-Restaurants kommen, bei dem wir zufälligerweise sowieso etwas essen wollten. Daraus wurde nur leider nichts, denn genau an der Kreuzung vor besagtem Restaurant mussten wir an einer roten Ampel stehen bleiben und – *zack* – war der Motor aus.

Nachdem zwischendurch die Polizei kam und kurz anhielt, nur um zu sagen, dass wir das Warndreieck super aufgestellt hätten und dann direkt weiterfuhr, haben wir es geschafft, meine Knutschkugel doch noch auf den Parkplatz zu bugsieren. Meine Freundinnen haben angeschoben und plötzlich lief der Motor tatsächlich für kurze Zeit wieder.

Also haben wir erst mal etwas gegessen und währenddessen öfter versucht, den Motor zu starten, was nicht funktionierte. Also wollte ich meine Eltern anrufen und fragen, was ich machen sollte, doch blöderweise waren sie nicht zu erreichen. Der Vater einer Freundin kam dann und sah sich mein Auto an. Nach ein paar Handgriffen (in den Leerlauf schalten und dann den Motor starten) lief es plötzlich wieder und wir konnten nach Hause fahren. Dass ich mich in der Situation ziemlich dämlich gefühlt habe, muss ich, glaube ich, nicht erwähnen.

Bis heute kann mir keiner so richtig sagen, was genau die beiden Male das Problem war. Seitdem ist zum Glück nichts mehr passiert, abgesehen davon, dass sich die Kupplung manchmal komisch labberig anfühlt. Alle Werkstätten hier im Umfeld haben schon nach Fehlern gesucht, aber nichts gefunden.

Kann man sich eine Fehlfunktion auch einbilden? Aber meine Mutter und meine Freunde haben doch gesehen, dass es nicht ging, und haben es auch probiert, also wenn, müssen das so zwei Gemeinschaftshalluzinationen gewesen sein, falls es so was gibt.

Trotz allem mag ich meine motorisierte Kutsche sehr gerne, auch wenn natürlich bei jeder Fahrt ein unangenehmes Gefühl mitschwingt. Auch heute, vier Jahre später, fahre ich jede kurze Strecke lieber mit meinem Auto als mit einem anderen.

Jana Schultz *ist eine 22-jährige Hobbyautorin und Copywriter aus dem Harz. Es macht ihr Spaß, reale Themen zu bearbeiten, aber auch ihre Fantasie spielen zu lassen und dabei verschiedene Genres abzudecken. Einige ihrer Kurzgeschichten waren bereits Teil anderer Anthologien.*

Bulli on Tour

Es war im Sommer 1972. Ich hatte mir noch kein eigenes Auto leisten können. Aber zusammen mit zwei Freunden hatte ich einen großen Traum. Wenn wir zusammenlegten, dann sollten wir es fertig bringen, einen alten VW Transporter anzuschaffen, um anschließend mit ihm ein paar abenteuerliche Reisen zu unternehmen. Das heißt, dass es wirklich abenteuerlich würde, das konnten wir zu diesem Zeitpunkt noch nicht ahnen.

Wenige Tage, nachdem wir stolze Besitzer eines alten VW-Bullis waren, starteten wir zu einer ersten Probefahrt. Holland war das Ziel. Wir wollten dort übernachten und am nächsten Tag zurückreisen. Und diese erste Fahrt war der Auftakt einer unglaublichen Serie von Pannen und Missverständnissen, die für uns unvergesslich bleiben sollten.

Immerhin hatten wir bereits 100 Kilometer zurückgelegt, als wir bemerkten, dass wir kein Wunderauto hatten. Ohne Öl im Motor würde auch ein robustes Auto wie ein VW-Bulli nur eine sehr reduzierte Reichweite haben. Als wir die Ölspur bemerkten, die wir hinter uns herzogen, waren jegliche Rettungsversuche vergeblich. Der kapitale Motorschaden folgte wenige Sekunden später. Für uns war damit Holland verloren. Wir schafften es noch bis zu einem Rasthof, wo wir bei miserablen Wetterverhältnissen auf eine rettende Eingebung hofften. Und siehe da – wir hatten sie.

Der Händler, der uns das Traumauto verkauft hatte, zeigte sich großzügig. Ein Freund, der sich glücklicherweise mit dem Einbau eines VW-Motors auskannte, besorgte uns die Maschine, brachte sie an den Ort des unfreiwilligen Aufenthalts – und wenige Stunden später beschäftigten wir uns gemeinsam mit dem Austausch. Allein diese Aktion war haarsträubend. Einer von uns hatte keine andere Aufgabe, als im strömenden Regen auf dem unüberdachten Parkplatz den riesigen Regenschirm über den anderen auszubreiten.

Und beinahe hätte die Geschichte doch noch zu einem guten Ende geführt. Aber wir waren eben keine Automechaniker. Es war die Kupplungsscheibe, die nicht passte. Wir lernten in diesen Tagen, dass ein Käfermotor eben doch nicht unbedingt dazu geeignet ist, den Motor eines Bullis zu ersetzen. Um die Geschichte an dieser Stelle abzukürzen, bleibt eigentlich nur zu sagen, dass wir die Rückfahrt noch mit stark verminderter Geschwindigkeit schafften. Ich achtete darauf, dass nur langsam mit dezimierter Gangauswahl gefahren wurde, und erlebte dann den logischen Fortgang des Dilemmas.

Der nächste kapitale Krach im Getriebe ließ nicht lange auf sich warten. Der Spaß mit dem Freizeitvehikel schien zu Ende zu sein. Mehr aus Ratlosigkeit besuchten wir unseren Händler und der sorgte für einen Hoffnungsschimmer. In einem Tohuwabohu aus alten Schrottautos und unsortierten Ersatzteilen fand sich ein alter, rostiger Motor eines längst verschiedenen Transporters. Den durften wir behalten. Kostenlos und ohne jede Garantie. Und dieser Motor passte. Aber es versteht sich von selbst, dass unser Vertrauen in die Maschine nicht allzu groß war. Wenige Tage bevor die große Reise beginnen sollte, besorgten wir uns jeder einen Seesack aus Militärbeständen. Wir hatten das sichere Gefühl, dass uns dieses Auto nicht wieder nach Hause bringen würde. Und beim Trampen würden uns diese Säcke vielleicht noch gute Dienste leisten.

Das Auto wurde vollgetankt, die Sonne begann bereits damit, die Luft zu erhitzen, als das Abenteuer mit einer Probefahrt nach Österreich eingeläutet wurde. Wir nutzten die erstbeste Gelegenheit, das Auto einer kleinen Belastungsprobe zu unterziehen. Ein kleiner Ort, der mühelos als Filmkulisse zu einem kitschigen Heimatfilm dienen konnte, schien uns dazu am besten geeignet. Die leicht ansteigende Hauptstraße schlängelte sich entlang einiger Souvenirläden, die von mehreren Musikgeschäften und ein paar Schnitzereien flankiert wurden. Das nahmen wir allerdings nur am Rande wahr. Für uns war viel interessanter zu erfahren, wo diese Straße wohl hinführen würde. Wir waren stolz auf unseren Minibus und sicher, dass wir uns heute auf ihn verlassen konnten.

Und so fuhren wir allen vernünftigen Eingebungen zum Trotz immer weiter. Wir hatten längst die letzten Wohnhäuser hinter uns gelassen, als außer ein paar Ziegen und Schafen neben dem Weg kaum noch etwas zu erkennen war. Sicher wären die erhaben vor uns liegenden, teilweise schneebedeckten Berge ein interessanter Anblick gewesen, aber die Straße hatte inzwischen diesen Namen nicht mehr verdient. Sie wurde von Sekunde zu Sekunde enger und steiler und zu allem Überfluss war sie inzwischen dermaßen mit Schotter überhäuft, dass sogar ein wackerer Wandersmann große Mühe gehabt hätte, vorwärtszukommen. Wer jetzt am Steuer saß, spürte eine unglaubliche Verantwortung, und die beiden Mitfahrer hatten keinen Blick mehr für die fantastischen Panoramen, die sich links und rechts neben der Wegstrecke befanden. Sie achteten in völlig verkrampfter Körperhaltung nur noch auf den knapp neben den Reifen vorbeiziehenden Wegesrand, der links und rechts einen beeindruckenden Blick in abgrundtiefe Gebirgstäler freigab. Es war uns inzwischen allen bewusst, dass es kein Zurück mehr gab. Wenden war nicht möglich – und es sprach vieles dafür, dass der Weg jeden Moment vor einer massiv gebauten Viehtränke enden würde.

Die Spannung wurde fast unerträglich, sodass wir mitten auf dem Weg anhielten, um unser weiteres Vorgehen zu beratschlagen. Der Fahrer machte, was man eben so macht in dieser Situation. Handbremse anziehen, erster Gang rein und Motor ausschalten. Das heißt: Als wollte uns der Motor zeigen, dass wir mit ihm kein Problem mehr haben würden, lief er einfach weiter. Er war eigentlich ausgeschaltet und der Schlüssel war längst abgezogen, doch der Motor schien die Höhenluft zu genießen und tuckerte weiter vor sich hin. Aber dieses Intermezzo amüsierte uns mehr, als dass es uns Sorgen machte.

Längst war uns klar geworden, dass das Abenteuer jetzt erst anfing. Weiterfahren würde uns in eine aussichtslose Situation bringen. Wir wussten, dass die einzige Möglichkeit, das Auto zu wenden, etwa 100 Meter hinter uns lag. Dahin mussten wir jetzt zentimeterweise rückwärts navigieren. Zwei Mann behielten den Abgrund im Auge und der Fahrer sollte, wenn irgendmöglich, eine fahrerische Meisterleistung vollbringen. Gesagt getan. Der Motor lief immer noch. Also Schlüssel reingesteckt, erster Gang eingelegt und das extrem schräg stehende Auto langsam, aber sicher nach unten rollen lassen.

Was sich so einfach anhört, hatte allerdings einen winzigen Haken. Um die beste Position zu erreichen, aus der die Abfahrt gelingen könnte, war es nötig, das Auto noch einen Meter aufwärts zu bugsieren. Dazu musste Gas gegeben werden. Die Reifen drehten durch, aber das Auto bewegte sich erst mal keinen Millimeter. Was nun passierte, würde vermutlich nicht einmal einem fantasiebegabten Filmregisseur einfallen.

Das von einem unangenehmen Floppen begleitete Zischgeräusch kann niemand vergessen, der solch eine Situation erlebt hat. Als sich die Staubwolke am linken Antriebsreifen verzogen hatte, war klar, dass der folgende Reifenwechsel die größte Herausforderung unseres bisherigen Lebens würde. Ehrlich gesagt, ich weiß heute gar nicht mehr, mit welchen Tricks wir das Auto damals stabilisiert hatten. Aber danach war Durchatmen angesagt. Wir brachten das Auto mit allen Insassen wohlbehalten zurück in die Heimat.

Dieser Ausflug war der Auftakt zu einer Reihe abenteuerlicher Reiseerlebnisse, die wir selbst 50 Jahre später noch tief in unserem Gedächtnis verankert haben.

Gerhard P. Steil lebt in der Opel-Stadt Rüsselsheim. Es war tatsächlich die Anregung von Papierfresserchens MTM-Verlag, der ihn auf die Idee brachte, über sein erstes Auto nachzudenken. Es wurde ein größerer Reisebericht daraus, dessen abenteuerlicher Beginn sich hier nachlesen lässt.

Mein treuer Gefährte

Ich weiß, dass mit dem Begriff *Oldtimer* eigentlich die alten Schnauferl aus den frühen Jahren der Automobilität gemeint sind oder bestenfalls noch Autos aus den Jahren des letzten Weltkriegs. Für mich gibt es allerdings nur einen Oldtimer, nämlich mein erstes Auto, den VW Käfer. Er war im Prinzip das erste Auto, das beim Design nicht einer Kutsche nachempfunden wurde, sondern viele praktische Details und bis heute einen eigenständigen Charakter aufwies. Allerdings ist der VW-Käfer schon in den 30er-Jahren des letzten Jahrhunderts konzipiert worden und nach Kriegsende dann auch 21,5 Millionen mal gebaut worden.

Wir reden jetzt über das Jahr 1976, als ich meinen Führerschein gemacht habe und einen porschegrünen VW Käfer 1302 L aus dem Baujahr 1970 gebraucht erwarb.

Dieses Auto hatte eine nach heutigen Maßstäben sehr karge Ausstattung und mit 44 PS eine geringe Motorleistung. Aber alles ist relativ. Für einen jungen Mann, der sonst mit Bus und Bahn oder zu Fuß unterwegs war, war ein mobiler Untersatz schon ein riesiger Schritt in Richtung Erwachsen sein und Selbstständigkeit. Das Geld dafür hatte ich mir als Schüler und Student in den Semesterferien verdient und war stolz wie Oskar, einen Käfer mit Sonderlackierung, Schiebedach mit Windblende, Sportlederlenkrad und Designstahlfelgen zu fahren. Das Auto hatte auch noch relativ viele Chromapplikationen – von den Türgriffen angefangen, über die Stoßfänger, die Nabenabdeckung, die Scheibeneinfassungen und Zierleisten an den Hauben. Frisch gewaschen und poliert sah das Auto fast noch wie neu aus. Innen waren graue Polsterbezüge verarbeitet worden. Das Armaturenbrett und Teile der Innentüren waren in Wagenfarbe lackiert. In der Mitte des Armaturenbretts prangte stolz der Tachometer, das einzige analoge Instrument. Daneben gab es ein Radio, bei dem vier verschiedene Sender per Tastendruck aufgerufen werden konnten.

Alle Käfer hatten vorn rechts und links neben der per Kurbel absenkbaren Seitenscheibe ein Ausstellfenster. Diese waren auf jeden Fall nobelpreiswürdig, weil sie je nach Winkelstellung für einen speziellen Luftstrom sorgten. Im Sommer kühlte die so einströmende Luft Fahrer und Beifahrer. Im Winter hielten sie im Zusammenspiel mit der Fußheizung die Front und Seitenscheiben frei von Beschlag.

Besonders das Heizungssystem war Erfahrungssache, an dem mancher *Laie* schier verzweifelte. Zunächst muss man berücksichtigen, dass der Käfer einen luftgekühlten Heckmotor hatte. Das bedeutete, die erwärmte Luft, die sonst nach hinten durch Lüftungsschlitze verschwinden sollte, musste nun, durch vom Fahrer zu bedienende Schieber, teilweise in den Fußraum des Autos umgelenkt werden. Die von dort nach oben strömende Luft erwärmte nun den Innenraum. Bei geschickter Stellung der Ausstellfenster und mithilfe des Fahrtwinds hielt die ausströmende warme Luft die vorderen Fenster frei. Die eintretende kalte Luft sorgte dann für eine Vermischung und ein angenehmes Innenraumklima.

Egal welche klimatischen Bedingungen herrschten – mein treuer Helfer brachte mich immer zuverlässig nach Düsseldorf zur Fachhochschule. Auch wenn die Ausstattung von 1970 schon ein liegendes Ersatzrad im Kofferraum vorn hatte, war der Platz für Transporte natürlich gering. Dazu kam die starke Wölbung der vorderen Haube, die zwar für gute cw-Strömungswerte sorgte, aber die Gepäckstückgröße massiv einschränkte. Dennoch passte in einen Käfer viel Gepäck.

Als meine damalige Freundin und ich 1978 Campingurlaub in der Vendée bei St. Jean de Mont machten, wurde das Gefährt voll beladen. Alles Notwendige passte hinein. Die Klappstühle und der Klapptisch fanden hinter den Rücksitzen Platz. Das Zelt kam auf die Rückbank. Viele Taschen passten zwischen die Sitzreihen. Der abgestufte Kofferraum vorn fasste zwei kleine Koffer. Kleinkram wurde in den Seitentaschen vorn und hinten verstaut. Auf der Fahrt auf französischen Autobahnen zeigte das Fahrzeug ein ausgezeichnetes Fahrverhalten. Es brabbelte ruhig und dezent vor sich hin, beschleunigte gut und schwamm ohne Probleme im Verkehr mit. Selbst die Campingplatzzufahrt auf nassem Rasen bewältigte er mühelos. Auf der Rückreise hatten wir sogar noch Platz für zwölf Flaschen Rotwein, den wir am Urlaubsort kennengelernt hatten.

Der Winter 1978/79 war außergewöhnlich hart. Am Silvesterabend waren im Ruhrgebiet 50 Zentimeter Schnee gefallen. Die Temperaturen lagen für längere Zeit tagsüber bei minus 12°Celsius. Die starke Batterie meines Käfers war neu und im Innenraum unter den Hintersitzen platziert. So ausgestattet, sprang das Fahrzeug immer sofort an. Mein Wagen wies zwar große Räder auf, aber keine Winterbereifung. Die konnte ich mir nicht leisten. Dennoch verfügten die praktischen Krabbeltiere über eine super Traktion, da der Motor über der Hinterachse lag. Es war das reine Vergnügen, mit ihm auf Schnee zu fahren. Kein Berg war zu steil und keine Kurve zu eng. Mit etwas Anlauf und einem beherzten Gegenlenken schaffte der Käfer jede winterliche Straße mühelos.

Mein grüner Käfer repräsentierte weder den modischen Zeitgeist noch das jugendliche Lebensgefühl. Er war dafür aber sehr praktisch und zuverlässig. Der Rost hielt sich in Grenzen und konnte durch eine fachkundige Hand vor dem nächsten TÜV-Termin beseitigt werden.

Aber alles hat einmal ein Ende. 1979 fuhr ich mit dem Auto, das mir inzwischen ans Herz gewachsen war, und meiner Schwester auf den sogenannten Idiotenhügel, einem abgelegenen Verkehrsübungsplatz für Anfänger. Wir übten dort gerade das Rückwärtseinparken, als ein alter Ford Taunus seitlich auf uns zufuhr. Der Wagen verringerte seine Geschwindigkeit nicht und prallte dann frontal auf die Fahrertür. Die Unfallfahrerin hatte die stehenden Pedale für Kupplung und Bremse verwechselt. Gott sei Dank war sie nicht allzu schnell unterwegs gewesen, sodass meine Schwester keinerlei Verletzung davontrug. Die Käfertür und das Trittbrett hatten viel Energie abgefangen. Aber dennoch war die Türe verformt und das Chassis verzogen. Alle Reparaturansätze der Werkstatt zur Wiederbelebung meines Käfers schlugen fehl, weil die Kosten den Zeitwert überstiegen. Schweren Herzens musste mein blecherner Freund also den Weg zum Schrottplatz antreten. Auch wenn ich später viele moderne Autos gefahren habe, so verbleibt mein schöner grüner Käfer immer als wichtiger Teil meines Lebens in der Erinnerung.

Kurt Blessing, *geboren 1957 in Mülheim /Ruhr, Maschinenbau-Studium in Düsseldorf. Produktmanager für Neuentwicklungen. Seit 2016 im Ruhestand, schriftstellerisch tätig und in diversen Anthologien mit Lyrik und Prosa vertreten. Ab 2021 eigene Veröffentlichungen.*

Jopi

Mein erstes Auto, oje, da werden Erinnerungen wach.

Gleich mit 18 wollte ich den Führerschein machen. Am Tag vor der ersten Fahrstunde ließ mich mein Vater auf dem Fahrersitz seines VW Derbys Platz nehmen und ich durfte das Lenkrad berühren. Das war seine Einführung ins Fahrerleben.

Am nächsten Tag wurde ich am Bahnhof in Hamburg-Bergedorf von meiner Fahrschullehrerin abgeholt. Sie erinnerte sehr an Trude Herr, der Fahrlehrerin von Heinz Erhard im Film *Immer diese Autofahrer*. Sie ließ mich den Motor starten und los ging die wilde Fahrt durch dicksten Berufsverkehr auf vierspurigen Straßen, engen Gassen, in denen ich diverse Male Müllautos überholen musste. Ständig würgte ich das Auto ab und schickte quietschende Geräusche ans arme Getriebe.

Neben mir hörte ich eine Stunde lang den Satz: „Sie machen mir das Auto kaputt."

Nach dieser Tortur beschloss ich, dass weiße Autos mit Schild auf dem Dach und große Busse auch sehr schön waren und ich so bestimmt viel länger leben würde.

Mit Anfang 40 lernte ich dann meinen Herzliebsten kennen, der auf dem Lande lebte. Irgendwann wollte ich gern zu ihm in die Idylle ziehen, was ohne Auto aber unmöglich war. So suchte ich mir einen netten, älteren, ganz gelassenen Fahrlehrer und nach nur 65 Fahrstunden und einem riesigen Loch in meinem Konto bestand ich auf Anhieb mit Bravour die Fahrprüfung. Ich fuhr an diesem Tag wie eine junge Göttin, parkte auf Kopfsteinpflaster im Regen vor dem Auto der Schwiegermutter in spe meiner Tochter ein und hatte dann endlich meinen Schein für den Start ins Landleben.

Mischa, der Schrauber im Dorf, hatte für mich für 200 Mark einen alten Polo Fox irgendwoher gezaubert. Es war Liebe auf den ersten Blick. Alt, silbergrau, etwas lahm. Spontan bekam mein erstes Auto den Namen *Jopi*, sah er doch aus wie unser geliebter Johannes Heesters.

Die Vorbesitzerin hatte Hunde und Pferde, deren Haare im ganzen Auto auf Ewigkeiten verteilt waren. Zwar hatte ich schnieke Schonbezüge besorgt, aber bei feuchtem Wetter roch Jopi wie ein Stall.

Das Tollste an diesem Auto war das Radio. Mischa hatte einen Lautsprecher mit einem einzigen Knopf eingebaut, auf den ich nur drücken musste und schon erschallte Schlagermusik aus der Box im Fußraum von meinem Auto. Ich hatte jedes Mal gemischte Gefühle, wenn ich das Auto bestieg, aber die Musik, bei der ich lauthals mitsingen konnte, entspannte mich dann beim Fahren. Manchmal stand ich morgens im Wald plötzlich in einer Wildschweinhorde oder ich musste mich früh um 5 durch dicken Nebel schleichen. Da war es dann schon ganz gut, Howard Carpendale oder Ibu mit an Bord zu haben.

Einmal ertappte ich mich dabei, dass ich die Augen kurz zumachte, als ein großer Lkw auf mich zugerast kam und ich stark bezweifelte, ob wir wirklich beide auf dieser Straße nebeneinander passten. Ich war wirklich eine ganz schlechte, überängstliche Autofahrerin, konnte nicht einschätzen, ob es 150 Zentimeter oder 150 Meter waren. Zum Glück zogen wir dann irgendwann in eine Kleinstadt mit Bahnhof und das Erste, was ich machte, war, mein Auto zu verkaufen. Seitdem bin ich nur noch Beifahrerin und lasse mich und andere dadurch sicher länger leben.

Jopi allerdings ist für immer in meinem Herzen, auch wenn er die erste und einzige Liebe in meinem Autofahrerleben bleibt.

Petra Jonas, Jahrgang 1961, aus Nordfriesland. Bisher gibt es einen Roman und elf Anthologien mit Geschichten von ihr. Außerdem hat sie eine kleine Pappmaschee-Werkstatt, in der sie sich austoben kann. www. Petras-Engel.de.

Ein Ja zu Auguste

Nie wollte ich selbst Auto fahren – hat es meiner Familie doch so viel Unheil gebracht. Aber wie soll es auf dem Dorf ohne gehen? Es bleibt mir keine andere Wahl und jetzt, wo meine Eltern beide nicht mehr können, muss ich mich nach einem fahrbaren Untersatz umgucken.

Wochenlang wälze ich Annoncen in der Zeitung, Anzeigen im Internet und bummel durch Autohaus-Höfe. Doch kein Wagen schafft es, mein Herz zu erobern. Eines Tages erhielt ich den Anruf meiner Mutter. Vater geht es gesundheitlich immer schlechter und er wird nie wieder Auto fahren können. Er möchte mir seinen Wagen schenken und wünscht sich nichts mehr, als dass er mir die nächsten Jahre einen guten Dienst leistet. Bei dem Gedanken daran wird mir mulmig, aber ich kann den Herzenswunsch meines Vaters auf keinen Fall abschlagen.

Am nächsten Tag gehe ich zu meinen Eltern, laufe staunend um das alte rote Auto mit blauer Stoßstange und setze mich hinein. Es ist ein komisches Gefühl, zum ersten Mal auf dem linken Vordersitz Platz zu nehmen – den Zündschlüssel im Schloss herumzudrehen, traue ich mich aber nicht.

Ich steige zunächst wieder aus, setze mich zu meinem Vater an den Gartentisch und wir erzählen über die guten alten Zeiten. Das Autofahren wird eine neue Erfahrung für mich werden, ist doch das Erbringen des Führerscheins auch schon mehr als zehn Jahre her. Das Gespräch nimmt mir allmählich die Zweifel und nach einem wunderschönen Nachmittag bei meinen Eltern steige ich in den Wagen, starte den Motor und verlasse den Hof, als ob es schon immer das Normalste der Welt gewesen ist.

An den nachfolgenden Tagen kümmere ich mich um die Zulassung, Versicherung und neuen TÜV. Bei der Auswahl des Kfz-Kennzeichens brauche ich nicht lange zu überlegen – es sollte das Wort JA werden. Nicht nur wegen dem Ja zum Leben, dem Ja zur großen Liebe, sondern weil es auch die Initialen von meinem Vater und mir sind. Es soll mir eine Ehre sein, diese beiden Buchstaben als Zeichen der ewigen Verbindung zu sehen.

Von da an waren Auguste und ich unzertrennlich. Den liebevollen Namen erhielt mein Auto durch das darin Platz findende Maskottchen. Ein kleiner Schutzengel in Form einer Katze soll mich auf allen Fahrten behüten – und das wünsche ich mir auch sehr, denn niemals soll es meinen Eltern so gehen wie meinen Großeltern, die ihre beiden Töchter auf der Straße für immer verloren haben.

Auguste und ich unternahmen viele gemeinsame Ausflüge. Oft fuhren wir zu meinem Freund in das entfernte Sachsen-Anhalt, wir fuhren zum Einkaufen in die nahe gelegenen Städte und absolvierten den täglichen Weg zur Arbeit. Die Freude am Wagen hielt etwas mehr als zwei Jahre – dann plötzlich erschien immer wieder die Motor-Kontrollleuchte im Cockpit. Fast wöchentlich suchte ich die Werkstatt auf, ließ den Fehler auslesen und einige Reparaturen durchführen.

Nach mehreren Monaten war ich mal wieder auf dem Weg in die Werkstatt, als ich plötzlich mitten auf einer Kreuzung stehen blieb – die Ampel schaltete auf Grün, aber ich konnte einfach nicht losfahren. Auguste nahm kein Gas mehr an und ich bewegte mich keinen Zentimeter. Nach dem Abschleppen stellte sich heraus, dass die Zündkerzen defekt waren. Immer mehr Kosten musste ich in den alten Roten stecken – das wollte und konnte ich langsam nicht mehr.

Schweren Herzens fasste ich den Entschluss und trennte mich von meinem ersten eigenen Auto namens Auguste. Ich gab sie für einen kleinen Obolus in Ankauf und musste von da an nach einem neuen Auto Ausschau halten. Aber die Erinnerung an mein erstes Auto werde ich nie vergessen und mein Kennzeichen habe ich natürlich behalten – ich werde es in Ehre am nächsten Wagen führen, jetzt, wo es mir auch die Erinnerung an meinen inzwischen verstorbenen Vater gibt.

Julia Kohlbach wurde 1995 in Thüringen geboren. Nach erfolgreichem Studium der Bibliotheks- und Informationswissenschaft arbeitet sie als Bibliothekarin. Wenn sie sich nicht gerade dem kreativen Schreiben widmet, geht sie wandern, arbeitet im Garten oder fertigt Handarbeiten an. Erste Veröffentlichungen erfolgten in Anthologien und im Online-Magazin KKL.

Kein Ferrari oder Porsche

„Sind wir bald da? Rad fahren ist doof", schimpft Noah mit hoch rotem Kopf.

„Es ist so heiß", stöhnt auch Elias. „Warum müssen wir bloß in dieses Wald-Schwimmbad? Das Freibad bei uns hätte es doch auch ge..."

„Wieso sind wir nicht mit dem Auto gefahren?", unterbricht ihn Noah trotzig.

Kinderbetreuung kann manchmal nervenaufreibend sein. Vor allem dann, wenn es um die Kids meiner jüngsten Cousine geht. Noah quasselt meist wie ein Wasserfall und kann sich mit seinen sieben Jahren immer noch nicht alleine beschäftigen. Sein drei Jahre älterer Bruder Elias ist ein Schlaumeier vor dem Herrn. Er weiß einfach alles besser. So auch jetzt.

„Laura hat kein Auto. Das hat uns Mama doch erzählt, Noah", meint er, während er trotz der Hitze ordentlich in die Pedale tritt.

„Und warum haben wir dann nicht das von Mama genommen?", fragt Noah, der auf dem seinem kleinen Mountainbike mitzuhalten versucht.

„Weil Laura gar keinen Führerschein hat", klärt ihn sein älterer Bruder Augen rollend auf.

Der verschwitzte Siebenjährige mit dem Pferdeschwanz steigt aus dem Sattel und starrt mich ungläubig an. „Echt jetzt?"

Ich nicke und ermahne die Jungs, sich auf den holprigen Radweg zu konzentrieren, der es wirklich in sich hat.

„Wolltest du denn nie ein eigenes Auto haben, Laura? Also ich will später auf jeden Fall einen Ferrari haben. Oder einen Porsche." Noah strahlt. „In Feuerrot oder in Knallgelb."

„Warum keinen Maserati?", wirft Elias ein. „Weißt du eigentlich, was die kosten? Aber so ein pechschwarzer Bugatti wäre schon cool."

Ich seufze. Umweltbewusstsein, Nachhaltigkeit und bewusster Konsum werden im Haushalt meiner Cousine und in ihrer Erziehung nicht gerade großgeschrieben. Das fängt schon in den Kinderzimmern der Jungs an. Überladene Räume mit jeder Menge Spielzeugberge und technischer Ausstattung. Nichts davon ist Second Hand. Selbst die Handys.

Elias holt mich in die Gegenwart zurück. „Was ist denn nun? Wolltest du nie den Führerschein machen und dir ein Auto kaufen? Ist doch viel praktischer", fragt er neugierig nach.

Ich seufze und lasse die zwei Kids wissen, dass ich in der Stadt immer sehr gut ohne eigenen Wagen zurechtgekommen bin. Das meiste erledige ich ohnehin mit dem Fahrrad. Und zur Not weiche ich auf den Bus oder die Bahn aus. „Früher hatte ich übrigens mal ein Auto. Aber das ist gefühlte Ewigkeiten her", schiebe ich nach längerem Überlegen dann doch hinterher.

„Echt?", staunt Noah.

„Du lügst", behauptet dagegen sein Bruder lautstark.

Ich lasse mich nicht von dem Zehnjährigen beirren und fahre fort: „Rot, kompakt, nicht unbedingt schön, aber nahezu unverwüstbar. Damit bin ich eine Zeit lang jeden Tag unterwegs gewesen."

„Nee, gib es zu: Du schwindelst", unterbricht mich Elias sofort. „Wer in Deutschland keinen Führerschein hat, darf gar kein Auto haben." Er überlegt weiter. „Oder sie haben ihn dir weggenommen. Weil du getrunken hattest oder sonst irgendwelchen Mist gebaut hast."

„Nee, nichts dergleichen. Großes Indianer-Ehrenwort", halte ich dagegen. „Und ich hab früher sogar bei Wettkämpfen mitgemischt. Ich war gar nicht schlecht."

„Krass", meint Noah bewundernd.

„Hä? Das kann doch gar nicht sein, Laura."

„Doch."

Elias zieht die Stirn kraus. „Und du lügst uns wirklich nicht an?", vergewissert er sich.

Ich verneine abermals. Die Jungen scheinen beide nachzudenken. Wir radeln schweigend weiter. Welch eine Wohltat.

„Ich hab's", ruft Elias plötzlich in die Stille hinein. „Du meintest vorhin gar kein richtiges Auto. Stimmt's?"

Ich grinse breit.

„Du redest nämlich die ganze Zeit von Autoquartett-Karten. Mit denen habt ihr wahrscheinlich früher gespielt. Papa übrigens auch."

„Kenne ich nicht", wirft Noah maulend ein.

„Die hat uns Papa mal auf dem Flohmarkt gezeigt, Noah. Erinnerst du dich nicht? Das sind diese Spielkarten, auf denen unter dem Foto von den Autos auch die PS-Zahl, die Höchstgeschwindigkeit, die Anzahl der Zylinder und so was steht. Weißt du wirklich nicht mehr?"

Noah schüttelt den Kopf und ich staune über die Pfiffigkeit seines älteren Bruders. Gut kombiniert. Elias liegt trotzdem falsch.

„Knapp vorbei ist auch daneben", antworte ich lachend, bevor ich die zwei wissen lasse, dass ich früher wirklich Rennen gefahren bin – Abfahrt, Slalom und Parcours.

„Nie im Leben", widerspricht Elias. „Das kann nicht sein."

„Doch. Ich schwöre."

„Ah, im Ausland?" Elias ist wirklich helle. Ich verneine trotzdem.

„Hast du denn auch Preise gewonnen, Laura? Und Pokale?", will jetzt Noah von mir wissen. Der Arme ist von den Strapazen der Radtour nicht nur ganz rot im Gesicht. Seine Stirn ist völlig verschwitzt und glänzt regelrecht.

„Leider gab es das bei uns damals noch nicht", antworte ich, als ich endlich das Hinweisschild auf das Wald-Schwimmbad entdecke. Juchuu, nur noch 500 Meter. Wir haben unser Ziel fast erreicht. Und ich hatte schon befürchtet, dass wir uns verfahren haben. Der Weg aus der Stadt bis hierhin ist für Kids im Grundschulalter vor allem bei den extrem hochsommerlichen Temperaturen eine echte Challenge. Ich gebe zu, ich hatte die Strecke im Vorfeld deutlich unterschätzt. Und auch die Hitze. Aber die Jungs haben beide tapfer durchgehalten und es tatsächlich geschafft. Zeit für eine Belohnung, Zeit, sie aufzuklären und sie nicht länger im Dunkeln tappen zu lassen.

„Okay. Also, um es kurz zu machen: Mein erstes Auto war ein ganz gewöhnliches Bobby-Car. So eines, wie ihr es früher auch hattet. Ich habe mein Rutschauto als Kind einfach über alles geliebt, sogar als ich schon längst im Kindergarten war. Und da bei uns keiner in der Siedlung ein Kettcar hatte, haben wir Kids alle mit unseren Bobbys das Viertel unsicher gemacht. Wir haben auf dem Spielplatz Rennen veranstaltet, Rampen gebaut und sind den Abhang runtergerast. So ähnlich wie bei Seifenkistenrennen. Die kamen dann übrigens später. Wir haben sogar damals alle zusammen einen Wagen gebaut. Das Teil hat aber nicht lange gehalten."

„Wow", entfährt es Niklas.

„Auf stinknormale Bobby-Cars wäre ich jetzt echt nie gekommen", räumt sein Bruder ein. Jetzt müssen beide lachen.

„Wie wart ihr denn damals drauf? Auf solch kleinen Mini-Teilen seid ihr gefahren?", meint Elias ungläubig. „Die sind doch für Babys. Ihr wart doch auch viel zu schwer dafür."

„Nee, die Dinger halten locker 50 Kilo aus. Ähm, und es gibt übrigens auch Erwachsene, die solche Rennen mit größeren und umgebauten Bobby-Cars fahren." Die Tatsache, dass wir früher natürlich ohne Helm unterwegs waren und bei den Abfahrtsrennen nicht gerade wenige Crashs produziert haben, behalte ich besser für mich. Und auch, dass ich mir irgendwann dabei den Arm gebrochen habe.

„Jetzt übertreibst du aber wirklich, Laura. Erwachsene und Bobby-Cars?"

„Nee, definitiv nicht, Elias. Die bauen da heute Elektromotoren rein."

„Nee, ne?"

„Das stimmt hundertprozentig, Elias. Ich hab darüber mal eine Reportage im Fernsehen gesehen. Der Weltmeister kommt mittlerweile auf weit über 100 Stundenkilometer. Kannst du googeln", führe ich aus, während ich abbremse, um mein Fahrrad neben einem Baum abzustellen.

Der Zehnjährige blickt mich schwer beeindruckt an. Auch als ich nachschiebe: „Natürlich sind die Erwachsenen heute mit jeder Menge Schutzkleidung und Helmen am Start. Ihr könnt übrigens eure jetzt ausziehen. Ich glaube, nach dieser Radtour ohne E-Bikes und Motorunterstützung spendiere ich uns erst mal ein Eis. Das habt ihr euch echt redlich verdient. Da vorne steht ein Eisauto."

„Du, Laura, du passt doch auch nächste Woche noch auf uns auf. Meinst du, wir drei könnten dann zusammen eine Seifenkiste bauen? Das wäre einfach mega." Der Blick von Elias ist geradezu flehend.

„Oh ja", begeistert sich sofort Noah. „Es muss auch kein Ferrari oder Porsche sein."

Ulli Krebs, wohnhaft in Norddeutschland, 1965 in Düsseldorf geboren, Studium Sozialarbeit, Journalismus und PR, als freie Redakteurin tätig. Hobbyautorin: Veröffentlichungen von Gedichten und Kurzgeschichten in verschiedenen Anthologien sowie Publikation eines Regionalkrimis.

Ein hoffnungsloser Fall?

Die Engelschroniken

Unschlüssig stand Marion Schumann vor ihrem Kleiderschrank. Was zog man zu der ersten theoretischen Fahrschulstunde an? Klassisches oder lieber hip und modern? War das überhaupt wichtig? Eigentlich sollte es bei der Theorie ja erst einmal nur um bestandene Fragebögen gehen und nicht um das Aussehen. „Vielleicht ist der Fahrlehrer ja auch ein supersüßer Typ, der im Anschluss mit mir ausgehen möchte", überlegte Marion. „Und wer kann meinem Charme schon widerstehen?" Sie blickte in den Spiegel und warf sich selbst eine Kusshand zu. „Stimmt, Marion. Das muss ich dir einfach mal sagen. Du siehst einfach nur umwerfend aus. Da kann kein Mann Nein sagen."

Lächelnd betrat Marion das Fahrschulgebäude in ihrer coolsten Kleidung. „Was für ein öder Laden", sagte Marion zu sich selber, als sie die Eingangshalle betrat.

„Sie möchten bestimmt zur Fahrschulklasse, junges Fräulein", meldete sich die Sekretärin von ihrem Tresen aus.

Marion hatte die Sekretärin zuerst vollkommen übersehen. „Oh. Hallo. Ich bin Marion Schumann. Ich mache bald den Führerschein, wissen Sie. Am Tag der Abschlussprüfung werde ich ihn stolz in meinen Händen halten. So wie ein Bündel Geldscheine."

Die Sekretärin verdrehte die Augen. „Eine dieser Neureichen", seufzte sie genervt. „Wie schafft es mein Boss nur, ständig neureiche, verzogene Fahrschülerinnen anzuziehen?"

„Ist ihr Boss gut aussehend? Dann kann er sich gerne bei mir melden."

Die Sekretärin überhörte die letzte Bemerkung von Marion. „Die Klasse für die Fahrtheorie ist gleich links neben dem Kaffeeautomaten."

„Oh", lächelte Marion. „Bitte einen Kaffee mit Milch und Zucker. Nicht schwarz. Sie können den Becher gerne für mich tragen."

Die Sekretärin dachte, sie würde nicht richtig hören. „Wer glauben Sie eigentlich, wer Sie sind?"

„Mein Vater ist nur der Bürgermeister der Stadt, verstehen Sie?"

„Das bedeutet noch lange nicht, dass Sie mich behandeln können wie eine Angestellte. Ich bin nicht Ihre Dienerin. Holen Sie sich Ihren Kaffee selber. Und demnächst sehen Sie zu, dass Sie mich nie wieder ansprechen. Nur wenn es wichtig ist. Einen schönen Tag noch."

Verdutzt blickte Marion der Sekretärin, die in einen Nebenraum verschwand, hinterher. „Schlechte Laune, wie? Ich finde den Weg schon alleine."

Zur gleichen Zeit eilte im Himmel Jungschutzengel Jacobus in das Büro von Engelchefin Martina. Es befand sich in einem Gebäude mit lauter durchsichtigen Großraumbüros auf Wolke Nummer sieben. Insgesamt gab es 16 verschiedene Wolkengebiete. Jedes hatte eine andere Funktion. Auf Wolke Nummer eins befand sich der Sitz von Gott. Jacobus erinnerte sich zu gut an seine erste Begegnung mit Gott. Damals musste er Erzengel Michael und Gott davon überzeugen, überhaupt einen Schutzfall haben zu dürfen. Man hielt ihn nicht für gut genug. Doch heute trug er den Titel *Bester Schutzengel des Jahres*. Darauf war er stolz. Ihm fehlten nur noch 25 Sterne. Für jeden erledigten Schutzfall bekam jeder Schutzengel Sterne. Hatte man 100 zusammen, so konnte man sich etwas wünschen. Egal was. Und Jacobus wollte unbedingt einmal die Bahamas sehen. Er befand sich nur 25 Sterne von seinem großen Traum entfernt.

Als er das Büro von Engelchefin Martina betrat, die die Schutzfälle verteilte, blätterte diese bereits in der Akte, die sie vorhatte, Jacobus zu übergeben, sofern er den Fall annehmen würde.

„Hallo, Jacobus. Ich habe dich bereits erwartet. Ich habe heute leider nicht viel Zeit zum Plaudern. Ich hoffe, du nimmst es mir nicht übel. Was sagst du zu deinem neuen Fall?"

„Diese reiche Göre namens Marion? Ziemlich verzogen."

„In der Tat. Behalte sie im Auge und greife ein, falls notwendig. Eigentlich wäre es auch wünschenswert, wenn sie ihr Wesen ändern würde, aber ich glaube kaum, dass es passieren wird. Sieh zu, dass sie, wenn sie bei den praktischen Fahrschulstunden hinter dem Steuer eines Autos sitzt, niemanden überfährt."

„So schlimm?", erkundigte sich Jacobus mit kreideweißer Blässe im Gesicht.

„Ja, genauso schlimm", bestätigte Martina.

„Meinetwegen versuche ich es mit Marion. Mal sehen, was dabei herauskommt. So hoffnungslos wird es schon nicht sein."

„Ich nehme dich beim Wort, Jacobus. Wir sehen uns nach der Fahrprüfung von Marion wieder."

Die ersten Wochen zogen sich zäh dahin wie Kaugummi. Nichts passierte. „Bitte, bitte, bitte, lieber Gott", flehte Jacobus kurz vor der ersten Fahrstunde von Marion. „Lass alles gut gehen. Ich brauche doch nur noch 25 Sterne." Jacobus flog als Taube verwandelt über dem Fahrschulauto von Marion. So hatte er alles im Blick, was unter ihm passierte. Mit seinem superguten Gehör nahm er auch alles wahr, was innerhalb des Autos ausgetauscht wurde.

„Sind Sie meine Fahrlehrerin?"

Jacobus konnte bereits die Enttäuschung in Marions Stimme heraushören und konnte die Dreistigkeit von Marion nicht fassen. Hatte sie wirklich allen Ernstes geglaubt, es gäbe nur männliche Fahrlehrer? Die Lehrerin blickte das schwarzhaarige Mädchen finster an. Warum sprach sie auch immer aus, was sie dachte? Sie tapste somit von einem Fettnäpfchen in das nächste.

„Ich hoffe, Sie sind eine bessere Fahrerin als Rednerin. Mir ist es ein Rätsel, wie Sie die volle Punktzahl bei dem schriftlichen Test erzielen konnten. Besonders viel gelernt scheinen Sie nicht zu haben."

„Oh", grinste Marion. „Ich habe einen anderen Lehrer bezahlt, der für mich die Tests daheim ausgefüllt hat und dabei die Antworten vorgelesen hat. Ich habe sie mir einfach nur einprägen müssen. Das war alles."

„Na super. Ihr Neureichen geht mir auf die Nerven."

„So etwas Ähnliches hat ihre Sekretärin auch gesagt. Komisch. Was habt ihr nur gegen Neureiche?"

Stille.

„Richten Sie bitte den Innenspiegel und die Außenspiegel ein. Der Sitz sollte auf Ihre Größe abgestimmt sein, lösen Sie die Bremse und betätigen sie ... Halt ... nicht das Gaspedal zuerst bedienen."

KRACH. WRUMS. SPLITTER.

„Oh. Ich hoffe, ihre Fahrschule ist gut versichert. Wie teuer sind Fensterscheiben?"

„RAUS aus dem Wagen. Sie werden den schriftlichen Test wiederholen, bevor Sie erneut hinter dem Lenkrad sitzen dürfen. Und zehn Fahrstunden extra oben drauf."

„Das macht nichts. Ich habe Zeit. Und zahlen tut eh mein Vater. Bekomme ich bei der nächsten Fahrstunde dann bitte einen männlichen Lehrer?"

„NEIN!"

Jacobus Magengrube verzog sich. Er hatte genug gehört. Er konnte sich nicht daran erinnern, je einen so unverschämten Fall gehabt zu haben. Die Dreistheit von Marion tat schon fast weh.

Entnervt verfolgte Jacobus weitere schriftliche Theorieeinheiten von Marion. Am Tag der bestandenen zweiten Prüfung verließ Marion grinsend das Gebäude.

„Oh, sieht aus, als würde ich dieses Mal doch einen Fahrlehrer bekommen", freute sich Marion, als sie einen blondhaarigen Schönling vor sich hatte. „Und noch dazu einen so hübschen. Hallo, ich bin Marion. Ich werde Ihre beste Schülerin."

Jacobus dachte, er hätte sich verhört. Mit einem Mal hörte Marion den Erklärungen ihres neuen Lehrers zu, statt patzig oder klugscheißerisch dazwischenzureden, und führte alle Anweisungen gekonnt aus.

„Das Mädchen macht mich wahnsinnig", sagte Jacobus zu sich selber, während er weiterhin als Taube das Fahrgeschehen beobachtete. „Vorsicht, Marion. Der alte Mann, der den Zebrastreifen überquert, braucht viel länger, als wie du es gerade einschätzt. Bremsen. Bremsen."

Jacobus entschied sich, dem Mann, der gerade dabei war, den Zebrastreifen mit seinem Rollator zu überqueren, unter die Arme zu greifen. Wie der Blitz schoss Jacobus als Engel vom Himmel herab und stieß den Mann samt Rollator aus der Gefahrenzone, ehe er in Taubengestalt wieder über das Fahrschulauto flog.

„Was war denn das?", wunderte sich der alte Mann. „Ich hätte schwören können, mich hat jemand geschubst. Nun egal. Ich muss noch schnell zum Kiosk und meine Tageszeitung holen."

Glücklicherweise blieb das auch der einzige Mensch, der fast von Marion überfahren worden wäre. Weil sie ihren hübschen Fahrlehrer beeindrucken wollte, fuhr sie danach fast vorbildlich. Am Ende der praktischen Prüfung hielt sie den vom Prüfer unterzeichneten Bogen der Sekretärin der Fahrschule vor und erhielt dafür ihren Führerschein.

„Ich hätte nie gedacht, dass Sie eines Tages hinter einem Steuer sitzen würden. Wie haben Sie das gemacht?"

„Oh, das verdanke ich Ihrem bildhübschen Fahrlehrer. Wir gehen nachher noch Pizza essen. Sie sollten sich von ihm auch einmal praktische Tipps zum Fahren zeigen lassen."

„Ja, klar. Hauptsache, ich sehe Sie so schnell nicht wieder."

Am Ende des Tages flog Jacobus wieder in Engelsgestalt zurückverwandelt zum Himmel zurück. Er holte sich seinen verdienten Stern bei Engelchefin Martina ab und wartete bereits auf den nächsten Fall.

Vanessa Boecking: *Autorin verschiedener Genre.*

Mein Auto und ich

Du und ich,
Wir fühlten uns geborgen,
Konnten immer für den anderen sorgen.

Stundenlang haben wir Musik gehört
Und dabei so manchen verführt.
Aber halt, die Geheimnisse sind dein und mein,
So soll es bis zu unserem Ende sein.

Bist mit mir zusammen über die Straßen gerollt,
Damit habe ich mich erholt.
Sonne, Musik und frischer Wind,
Dies zusammen, und wir haben gegluckst wie ein Kind.

War ich unterwegs,
Hast du mich erwartet.
Auf dich konnte ich zählen,
Auch wenn andere oft fehlten.

Kam einer und wollt es uns beweisen,
Wir haben gelacht und sind in die Eisen.
Sprang die Ampel weg von rot,
Traten wir aufs Gas und der andere war tot.

Hattest du ein Wehwehchen,
Ließ ich dich reparieren.
Hatte ich Problemchen,
Konntest du sie parieren.

War ich mal traurig und wütend,
Du warst für mich da.
Hast mir verziehen,
Habe ich mal geschrien.

Doch irgendwann musste ich gehen,
Hoffte darauf, dich wiederzusehen.

Ich frage mich, was du heute machst?
Denkst du an mich, wenn du neue Besitzer hast?

Doch ich weiß es genau:
Du machst weiter,
Blickst immer heiter,
Denn du bist schlau.

Du warst da für mich,
Für mich und mein Leben.
Ja, füreinander haben wir alles gegeben.

Für manche warst du nur ein Auto,
Für mich warst du mein Leben.
Du hast mir die Freiheit gegeben.

Claudia Engelhardt: *Zusammen mit ihrer Familie und mehreren Tausend Büchern wohnt sie in der Nähe von Leipzig. Sie liebt es, in jeder freien Minute in ein gutes Buch abzutauchen.*

Mein erster Totalschaden – eine wahre Geschichte:

Mein erstes Auto, mein ganzer Stolz! Mit nur siebzehn Jahren hatte ich den Führerschein bestanden. Dank einer relativ neuen Regelung, bei der man schon mit sechzehn Jahren mit dem Theoriekurs und anschließend den Fahrstunden beginnen durfte. 3000 Kilometer mussten meine Mutter und ich danach gemeinsam fahren, um bei der Prüfung antreten zu dürfen. Die Theorie hatte ich in der Tasche und auch die praktische Prüfung hatte ich, dank der vielen Fahrpraxis, gut bestanden.

Nun war der Tag gekommen, ich sollte mein erstes eigenes Auto bekommen. Aus welcher völlig umnachteten Idee auch immer hatte mein Vater mir tatsächlich einen Neuwagen gekauft! Wenn auch nur einen Suzuki Swift, aber dennoch ein komplett neues Auto. Für eine Fahranfängerin! Ich hatte schon einige Kilometer hinter mir, trotzdem war ich ein Führerscheinneuling. Bis heute weiß ich nicht, weshalb es ein neues Auto sein musste, doch es war so.

Wenige Tage nach meiner Prüfung stand er da, mein silberner Traum. Meine erste Fahrt ging zu meiner besten Freundin, die nur knapp zehn Fahrminuten entfernt wohnte. Diese Freiheit, endlich alleine fahren zu können, wann und wohin ich wollte, es war unbeschreiblich.

Jeden Samstag fuhr ich von nun an in der Früh mit dem Auto zum Gymnasium, parkte mich dort stolz auf dem angrenzenden Parkplatz und fuhr mittags wieder nach Hause. Meistens nahm ich meine Klassenkameradin mit, die nur eine Gasse weiter wohnte. Unter der Woche war morgens kein Parkplatz zu bekommen, deshalb freute ich mich jede Woche auf Samstag, obwohl wir zur Schule gehen mussten.

Doch dann kam er, der Tag, der alles verändern sollte. Einmal in der Woche hatten wir Nachmittagsturnen und von Zeit zu Zeit fuhren wir, seit ich den Führerschein hatte, dorthin mit meinem Auto statt dem Zug, da ab 14 Uhr meistens der halbe Parkplatz leer stand. Es begann wie jede andere Fahrt, wir unterhielten uns und lachten.

Es war relativ viel Verkehr, aber wir hatten genug Zeit, also brauchten wir uns nicht zu hetzen. Mitten im Gespräch sah ich plötzlich, wie der Seat Alhambra vor mir bremste. Die Fahrerin hatte die roten Lichter der Ampel gesehen und rechtzeitig gestoppt, ich leider nicht. Ich stieg sofort auf die Bremse, doch der Abstand zum Vorderauto war zu gering. Ich krachte frontal in das Heck. Meiner Freundin und mir genauso wie der Fahrerin des anderen Unfallautos war zum Glück nichts geschehen. Ihr Auto hatte nur einen winzigen Kratzer abbekommen, ganz im Gegensatz zu meinem kleinen Flitzer. Mit zitternden Händen füllte ich das Unfallprotokoll aus, rief heulend meine Eltern an, um ihnen zu sagen, dass wir einen Unfall hatten und ich wieder heimkommen würde.

Zu Hause angekommen, wurde ich mit Fragen bombardiert, die ich alle nicht beantworten konnte. Ich hatte keine Ahnung, wie es dazu kommen konnte. Ich brachte kein Wort heraus, konnte nur noch weinen. Mein Auto war ein Totalschaden, die Lichter hatten sich links und rechts zur Seite gebogen und die Motorhaube war aufgewölbt. Kurz gesagt, nicht mehr zu retten. Doch was mich wirklich noch heute fertigmacht, ist die Tatsache, dass meine Freundin mit

im Auto saß und ich sie damit auch in Gefahr gebracht hatte. Selbst wenn ich mit nicht mal 30 Stundenkilometern unterwegs war, aber dennoch, ich war die Fahrerin und hatte einen Unfall verursacht.

Nachdem die Versicherung den Schaden begutachtet hatte, kam die Meldung, dass sie das Auto dank Vollkasko gegen ein neues ersetzen würden. Doch das wollte ich auf keinen Fall. Mir war das Auto so wichtig, mein erstes Auto, dass ich meine Eltern so lange vollgejammert habe, bis sie zugestimmt haben, es reparieren zu lassen, statt es zu ersetzen. Wenn ich heute daran denke, frage ich mich, ob wir alle verrückt waren. Die Reparatur war sicher teurer, als das Auto neu überhaupt wert war. Doch damals konnte ich nicht anders, ich wollte mein geliebtes Auto wieder zurückhaben.

Zum Glück sollte dies in den nächsten 23 Jahren mein einzig schwerer Unfall sein und wird es hoffentlich auch bleiben!

Kathrin Samar *ist das Pseudonym einer österreichischen Schriftstellerin. Sie lebt gemeinsam mit ihrem Mann und ihren beiden Söhnen sowie einigen Haustieren in Niederösterreich. Bereits als Teenager liebte sie es, Gedichte und Kurzgeschichten zu verfassen. Inspiriert durch ihren Sohn, der selbst begonnen hat, Kurzgeschichten zu schreiben, fand sie 2024 den Mut, ihren ersten Liebesroman „Wenn aus Zufall Schicksal wird" zu veröffentlichen. Weitere Werke sind in Planung. Mehr darüber findet man auf ihrem Instagram Profil kathrin.samar.autorin.*

Töfftöff

Rotmetallic war sein Glanz,
Räder surrten übers Land,
Sausten schnell in wildem Tanz,
Töfftöff hatt' ich es genannt.

Töfftöff war mein treuer Star,
Flog mit ihm, wie wunderbar,
Über Täler, über Berge,
Häuser, Menschen, klein wie Zwerge.

Schieben musst' ich's Tag für Tag,
Über Stock und über Stein,
Wenn es auch mal nur dalag,
Liebte ich's, denn es war mein.

Mir gehört' es, es war meins.
Und Benzin verbraucht' es keins.
Weil es, denn das ist doch klar,
Nur ein Spielzeugauto war.

Zero Alala, *einst wohl geboren auf einem fernen Planeten, gestrandet auf der Erde, lebt heute mit sechs süßen Ratten im Ruhrgebiet.*

Mein erstes Auto ... und ich

Mein erstes Auto ... und ich.
Bei dem Gedanken schmunzle ich.
Was fällt mir dazu ein?
Na klar, zu diesem Thema müssen es Erinnerungen
an zwei Autos sein.

Mein Auto aus Kindheitstagen

Beim ersten Auto war ich noch klein,
so mit sechs Jahren könnte es gewesen sein.
Autobestellung, lange Wartezeiten,
das System verstand ich noch nicht,
für mich zählte nur, das neue Auto ist in Sicht.
Doch was noch viel wichtiger war,
ich durfte dabei sein, das war klar.
Voller Erwartung betraten wir ein großes Haus,
ich kam aus dem Staunen nicht mehr raus.
Dieses Gebäude war gewaltig groß,
die Begeisterung ließ mich nicht los.
Vor einer riesigen Scheibe blieben wir stehen,
so viele neue Autos hatte ich noch nie gesehen.
Die Unterhaltung der Erwachsenen zog sich endlos hin,
ich konnte dem nicht folgen, es ergab für mich keinen Sinn.
Staunend und mit platt gedrückter Nase stand ich an der Scheibe,
ungeduldig fragte ich, wo denn unser Auto bleibe.
Welches wird wohl unsers sein?
Wird es ein großes oder klein?

Mir wurde dann erklärt,
dass ein Lada unser Auto wird.
Ich glaube, jeder konnte
die schwebenden Fragezeichen über mir sehen,
was wusste ich, was ein Lada ist …
das konnte ich alles nicht verstehen.
Alles, was die Erwachsenen mir erklärten,
wirkte auf mich wie der Wirrwarr in Irrgärten.
Ich wollte das alles nicht mehr,
ich wünschte mir nur noch das Auto her.
Endlich war die Entscheidung gefallen,
alles drumrum entspannte sich … gelöste Stimmung bei allen,
ich schaute mich um und beobachtete alles ganz genau,
dort, der weiße Lada ist es … WOW!!!!
So ein großes Auto und ich bin so klein.
Aber stolz stieg ich dann ein.
Ich konnte es gar nicht abwarten,
bis wir endlich unsere erste Fahrt konnten starten.

Natürlich musste ich meinen Freunden davon erzählen,
berichtete jede Einzelheit bis zum Autoauswählen,
konnte sogar Fragen beantworten, kannte mich ja aus,
und Geld brauchten wir nicht, Papa füllte nur einen Zettel aus.
Kindliche Logik ist genial!
Dass man diese Möglichkeit nutzt zum Bezahlen,
das wurde mir erst später erklärt,
aber eigentlich ist die kindliche Logik gar nicht so verkehrt.

Schon vom ersten Tag stand fest,
dieses Auto mich nie los lässt.
Ich war verliebt, das Auto war wunderbar,
es war mein Traumauto, das war klar.
Ich genoss die Auto-Kinderzeit,
für meine Fantasiereisen war ich immer bereit,
egal ob vorbeifliegende Bilder oder Wolkenschloss,
es war eine eigene Welt.
In meinen Reisen durch Raum und Zeit war ich stets der Held!

In Gedanken reise ich zurück,
die Erinnerungen kommen Stück für Stück.
Schmunzelnd sehe ich viele Bilder vor mir,
das Auto und ich, da gab es nur ein wir.
Damals gab es auf der Rückbank noch keine Gurtpflicht
und auch weitere Einschränkungen waren nicht in Sicht,
also richtete ich mich für jede Fahrt häuslich ein,
ich war ein Einzelkind, brauchte nicht teilen,
der Platz gehörte mir allein.
Kuscheldecke, Kissen und Plüschtier,
das alles befand sich hier.
Auch lesen, malen und Bilder anschauen,
ich hatte genug Platz und konnte alles verstauen.
Doch meistens genoss ich einfach nur die Gemütlichkeit
und begab mich auf eine Reise durch die Zeit.
Am liebsten schaute ich mir die Wolkenformationen an,
in meiner Fantasie sah ich mich als Wolkenprinzessin dann.

Aber oft waren unsere Fahrten einfach
nur spannend, aufredend und abenteuerlich,
ich versuchte zu helfen, fieberte mit,
denn manchmal war es brenzlig.
Ob Nebel, Regen, Glatteis, Schnee, das war alles gleich,
denn das Wetter spielte uns gern einen Streich.
Fast jedes Wochenende waren wir unterwegs,
wir fuhren oft zu meinen Großeltern und halfen dort stets.
Ich freute mich immer, denn ich war gerne dort,
es war wie ein zweiter Heimatort.
Und es hatte den positiven Effekt,
wir fuhren mit dem Auto weg.
Circa eine Stunde hin und zurück,
die Zeit reicht aus, für mich ein wahres Autoglück.

Unsere Fahrt ins Nichts

Wir konnten es kaum erwarten
und wollten endlich ins Wochenende starten.
Vielversprechend der Tag begann,
die Sonne ihr Farbenspiel gewann.
Doch der herbstliche Flair war am Abend verschwunden,
grau in grau war es mittlerweile seit Stunden.
Langsam wurde es Zeit,
wir machten uns zur Heimfahrt bereit.
Vereinzelt ein Regentropfen auf die Frontscheibe fiel,
durch die Geschwindigkeit wirkte es wie ein Spiel.
Meine ganze Aufmerksamkeit schenkte ich
den tanzenden Tropfen,
die immer intensiver klopften.
Völlig vertieft in Beobachtung und Träumereien
bemerkte ich nicht, dass wir fuhren in den Nebel hinein.
Erschrocken sah ich mich um,
ein trüber, undurchsichtiger Schleier um uns herum.
Wieso ging das so schnell? Wie kann das sein?
Unser Weg führte uns immer tiefer hinein.
Der Nebel nahm mehr und mehr zu,
wir fühlten uns blind im Nu.

Tja, Nebelscheinwerfer hatten wir nicht
und Fahrbahnmarkierungen waren wohl auch noch keine Pflicht.
Meine anfängliche Neugier und Begeisterung schwanden dahin,
seltsame Gedanken kamen mir in den Sinn,
ein Blick aus dem Fenster löste Unbehagen bei mir aus,
es wirkt düster, unheimlich, irgendwie erdrückend …
ich wollte nur noch raus.
Meine Unruhe versuchte ich zu verbergen,
es herrschte eine gewisse Anspannung, ich wollte nichts gefährden.
Unsere Geschwindigkeit entsprach der einer Schnecke,
denn wir sahen nichts, keine Straße, keinen Baum, keine Ecke.
Umhüllt von einem grauen Schleier und angesichts
dieser Tatsache führte unsere Fahrt ins Nichts.
Hochkonzentriert die Blicke meiner Eltern den Weg suchten,
das eine oder andere Mal sie dabei fluchten.
Spaßhaft wir den Nebel *Suppe* nannten,
plötzlich alle lachten, denn unsere Fantasien dabei entflammten.
Die Suppe um uns herum wurde gefühlt immer dichter,
sie schluckte alles, wir sahen keine Lichter.
Meine Eltern hatten die Nase an der Scheibe,
sie hofften, dass das Auto auf der Straße bleibe.
So kämpften wir uns durch die Nebelsuppe
dann trafen wir auf etwas Undefinierbares …
es war eine kleine Autogruppe.
Rötlicher Schimmer von Rücklichtern waren zu sehen,
wir waren hocherfreut und hofften
auf ein gemeinsames Vorwärtsgehen.
Wortlos die Autofahrer sich verstanden,
im Wechsel führte jeder mal unsere Mini-Kolone an.
Erleichterung war zu spüren,
wir konnten uns nun im Nebel nicht mehr verlieren.
Gemeinsam kämpften wir uns durch den Nebel, Stück für Stück,
unser Auto zeigte sich als guter Begleiter
und brachte uns nach Hause zurück.

Winter 1978/79

Winter 1978/79 ganz Deutschland war eingeschneit,
aber wir mussten zu Oma und der Weg schien unendlich weit.
So was hatte ich noch nie gesehen –
riesige Schneeberge und Schneewehen.
Eine Straße war nicht wirklich zu erkennen
und fahren konnte man es auch nicht nennen,
beeindruckende Bilder sich uns präsentierten,
rechts und links hohe Schneewände
ihre Überragenheit zelebrierten,
doch wir ließen uns nicht einschüchtern,
wir betrachteten die Situation nüchtern.
Wir waren jetzt auf dem Weg und es gab kein Zurück,
gemeinsam kämpften wir uns durch Schneesturm
und Schneeglück,
alles, was wir sahen, war nur Schnee, Schnee, Schnee …
riesengroße Wände aus Schnee …
Ich fand es spannend und aufregend zugleich,
mein besorgter Blick nicht von den weißen Wänden weicht,
mein Papa musste sich hoch konzentrieren,
er durfte die Kontrolle nicht verlieren.
Unerwartet gab es einen mächtigen Wumms,
Mucksmäuschenstille herrschte bei uns.
Ich sah unser Fahrzeugheck gewaltig gegen die Schneewand prallen
der Schreck saß tief bei allen.
Unser Auto war aus der Spur gerutscht,
aus der Wand brach ein großes Stück heraus, nun war sie futsch,
Die Fahrt ging danach abenteuerlich weiter
und dauerte unendlich dann,
wir kamen nach gefühlter Ewigkeit bei meiner Oma an.

Glatteis

Ich weiß gar nicht mehr, in welchem Jahr das war,
aber wir gaben uns damals unwissend in Gefahr.
Wie fast an jedem Wochenende waren wir wieder unterwegs,
natürlich zu meiner Oma geradewegs.

Es war kein besonderer Morgen,
also machte sich auch keiner Sorgen.
Worüber denn auch,
alles verlief so, wie es bei uns war Brauch.
Doch keiner ahnte, in welcher Gefahr wir steckten,
bis wir durch eine Beobachtung aufschreckten.
Wir saßen im Auto, die Stimmung war gut,
ich summte ein Liedchen, das zum Mitsingen einlud.
Die Strecke kannte ich in und auswendig
und das ist manchmal überlebensnotwendig,
denn dadurch ich jede Veränderung sah.
Plötzlich fragte ich laut: „Was macht der denn da?"
Etwas verwundert schauten wir drein.
Und fragten uns: „Wie parkt der denn ein?"
Eine heiße Diskussion entbrannte,
wir vermuteten, dass der Fahrer sich nicht auskannte.
Warum stellt der sich so blöde hin,
der steckt ja fast in den Busch drin?!
Da ging uns immer noch kein Licht auf
und mit unserm Gemecker legten wir noch einen oben drauf.
Unverständnis über die falsche Parkplatz-Wahl.
„Na ja", dachten wir, „wer die Wahl hat, hat die Qual."
Wir fuhren immer noch völlig ahnungslos
und dann … waren wir plötzlich sprachlos!
Das Auto vor uns fing zu tänzeln an
und drehte sich um 360 Grad sodann,

rutschte mit dem Fahrzeugheck die Wiese hinunter,
dieses Ereignis rüttelte uns wach … wir waren putzmunter.
Unser Auto kam zum Stehen,
der Schreck war uns in den Augen anzusehen.
Schlagartig war uns klar,
dass das vorhin kein schräger Parkversuch war.
Nein, die Straße war spiegelglatt,
wir waren fassungslos und platt.
Wir sind die ganze Zeit ganz normal gefahren
und haben nicht bemerkt, wie glatt die Straßen waren.
Bei dem Unfall ist niemanden etwas passiert, alles ging gut aus.
Ein Traktor zog das andere Auto raus.
Wir setzten langsam unsere Reise fort,
doch mussten wir jetzt eine Pause machen,
am nächstgelegenen Ort.
Mächtig erschüttert von dem Geschehen
versuchten wir, alles zu verstehen.
Wir hatten tatsächlich nicht bemerkt,
dass der Frost war, eingekehrt.
Die Glatteis-Unsicherheit gab es bei uns nicht,
da wir uns sicher fühlten aus unserer Sicht.
Das dachte auch ein anderer Autofahrer,
denn die Straße wirkte hier befahrbarer,
was sie aber nicht war
und darin bestand die Gefahr.
Völlig unfassbar wir noch darüber diskutierten,
bretterte ein Auto an uns vorbei,
dessen Insassen dies auch nicht realisierten.
Wie sahen und hörten ihn schon kommen,
die Erwachsenen hatten Position eingenommen
Mit Mimik und Gestik gaben sie ihm zu verstehen,
dass er mit der Geschwindigkeit sollte runtergehen.
Er deutete die Versuche jedoch verkehrt,
mit einem freudigen Gruß er an uns vorbeifährt.
Erschrocken über diese Reaktion,
starrten ihm alle hinterher … Stille, keiner sagte einen Ton.
Wir hielten den Atem an.
Ob er die nächste Kurve schaffen kann?

Aber vielleicht hatte er auch so ein Glück wie wir,
denn solange wir von der Glätte nichts wussten,
fühlten wir uns sicher hier.

Überholspiel auf dem Berliner Ring

Endlich war es wieder so weit,
Urlaub-Familien-Reise-Zeit.
Wie fast in jedem Jahr
ein Ort in den Berge unser Ziel war.
So ein eingespieltes Team wie wir waren,
konnten wir gut vorbereitet in den Urlaub starten.
Papa war unser Chauffeur,
lenkte uns durch jedes Nadelöhr.
Mama sorgte für die Verpflegung und passte gut auf,
damit alles nimmt seinen Lauf.
Tja, nun kam ich,
ich war oberwichtig.
Meine Aufgabe war, zu navigieren
und den richtigen Weg nicht zu verlieren.
Ich liebte es, den Autoatlas zu wälzen
und zu sehen, wie Karten und Realität verschmelzen.
Von der Rückbank aus hatte ich den vollen Überblick,
leitete unsere Fahrt mit viel Geschick.
Stolz wie Oscar war ich dann,
wir kamen damals noch ohne Navi am Ziel an.
Von vielen Erlebnissen könnte ich berichten,
denn auf unseren Autofahrten erlebten wir viele Geschichten.
So fuhren wir auf dem Berliner Ring,
bis dahin alles ganz normal, kein Ding.
Da sahen wir im Voraus,
zwei Pkw, die sahen so ähnlich wie unser Lada aus.
Laut Kennzeichen waren sie aus einem Ort,
wir vermuteten, dass sie gemeinsam reisten fort.
Eine Weile fuhren wir ihnen hinterher,
aber sie waren sehr langsam und das langweilte uns sehr.
Wir setzten an zum Überholvorgang,
uns war nicht bang.

Zügig fuhren wir an beiden Autos vorbei
und dachten uns nichts dabei.
Mit gleich bleibender Geschwindigkeit
genossen wie die Fahrt und die Landschaft weit und breit.
Dann wurden wir aus unserer Fahrtrance katapultiert,
etwas verdutzt schauten wir uns an, wir waren irritiert.
Von einem Lada wurden wir überholt
der dann mit langsamer Geschwindigkeit vor uns rollt.
Er nahm seinen monotonen Fahrstil wieder an
und tuckerte vor uns auf der Autobahn.
Was macht der denn?
Wieso überholt er und fährt dann so langsam dahin?
Das ergab für uns alles keinen Sinn.
Mein Papa überholte erneut,
der andere Fahrer jedoch einen weiteren Überholvorgang
nicht scheut.
Noch zweimal wiederholte sich dieses Spiel,
dem anderen Fahrer dies wohl gefiel.
Im Rückspiegel mein Papa dann sah,
dass der zweite Lada weit in der Ferne war.
Dieser kämpfte mit der Geschwindigkeit
und gab Signale weit und breit.
Da haben wir gecheckt,
dass hier eine Verwechslung hintersteckt.
Der Lada vor uns hatte nicht bemerkt,
das hier läuft was verkehrt.
Also starteten wir das Überholspiel von vorn,
ihm die Verwechslung zu erklären, war unser Ansporn.
Etwas erbost schaute er erst drein,
dann erkannte er die Situation und sah den Fehler ein.
Mit einem Blick nach hinten, lachte er …
das andere Auto kam blinkend hinterher.
Er gab uns dann zu verstehen,
dass dies war ein Versehen.
Kopfschüttelnd und lachend ließ er sich zurückfallen,
auch wir lachten jetzt schallend
Mit einem freundlichen Gruß,
war dann mit einem Mal mit dem Überholspiel Schluss.

Es war eine himmlische Zeit, beobachten, träumen …
einfach famos,
die Zeit verging, so wurde ich mit dem Auto groß.
Dann wurde mit 20 Jahr ein Traum für mich wahr,
meine Eltern übergaben mir das Auto – wunderbar.
Dieser Gedanke für mich schon lange im Kopf rumschwirrt,
für mich stand schon immer fest, dass es mein Auto wird.
Voller Stolz ich mein Auto hegte und pflegte,
sich das Glatteis mir dann aber in den Weg legte.
Meine Geschichte ist leider ohne Happy End
und eine lebenslange Verbindung ist damit zu End.
Eine Reparatur kam aus finanziellen Gründen nicht infrage,
noch heute denke ich an die schönen Auto-Kindheitstage.
In diesen Geschichten habe ich zuallerletzt
meinem damaligen Traumauto ein persönliches Denkmal gesetzt.

Ines Reimer, Jahrgang 1970, lebt mit ihrer Familie in Mecklenburg-Vorpommern. Nach dem Schulabschluss erlernte sie den Beruf der Kindergärtnerin und schulte später zur Krankenschwester um. Sie liebt das Arbeiten mit Menschen und ist schon viele Jahre im psychiatrischen Bereich tätig. Aus gesundheitlichen Gründen kann sie ihre Tätigkeit nicht mehr voll ausüben und hat sich mehr und mehr ihren Gedichten gewidmet. Diese dienten anfänglich zur Verarbeitung von Sorgen, Problemen und Ängsten. Mittlerweile gibt es eine umfangreiche Sammlung von Gedichten und Geschichten aus ihrem täglichen Leben.

Mein kleiner Flitzer

Nach dem Unfall fuhr ich kein Auto mehr,
von da an beherrschte mich die Angst,
die zu überwinden viel mir schwer.
Ich … und Auto fahren??? Da hielt ich schön auf Distanz.
Es ist erstaunlich, wie schnell man lernt,
gewisse Dinge zu umgehen.
Und war der Weg noch weit entfernt,
ich ließ das Auto stehen.
Alle redeten auf mich ein,
wie wichtig das Fahren für meine Angstüberwindung sei,
aber mein Kopf sagte: „NEIN!"
Doch dann kam es ganz anders und ich war wieder voll dabei.

Drei Männer und ihre Ideen

Eine neue berufliche Veränderung stand bevor,
für mich stand die Frage im Raum: „Wie stelle ich es mir vor?"
Die Ausbildung war an einem anderen Ort,
ich wollte diesen Beruf erlernen, das ging nur dort.
Ein neues Auto musste her,
die Auswahl war groß, die Entscheidung nicht schwer.
Ein kleines, wendiges Fahrzeug sollte es sein,
der kleine lilafarbene Twingo mit Faltdach lud mich ein.
Klein.
Fein.
Mein.
Dieser kleine Flitzer hatte was, es ließ mich nicht los,
aber die Überwindung, wieder selbst zu fahren, war groß.
Die ersten Fahrten eine Katastrophe,
gemeinsam kämpften wir uns durch bis zum Schulhofe.
Relativ schnell stimmte ich einer Fahrgemeinschaft zu.
meine anfängliche Unsicherheit verflog im Nu.

Wir waren eine ungewöhnliche Truppe,
wir waren eine eingeschworene Gruppe,
keiner ließ den anderen im Stich,
die drei ausgewachsen Männer, ein kleiner Twingo und ich.
Mit meiner zunehmenden Fahrsicherheit
sie hielten allerlei Schabernack bereit,
umso mehr meine Unsicherheit weichte,
ihre Ideenvielfalt Hochform erreichte.
Irgendwie zog der Kleine alle in seinen Bann,
es gab viel zu entdecken,
bei jeder Fahrt standen Untersuchungen an.
Langeweile kam hier nie auf,
so deckten sie so manches Geheimnis auf.
Bei einigen Dingen war was Brauchbares dran,
bis ich eines Tages bei der roten Ampel stand an.
Wie so oft befanden die Männer sich auf Entdeckungstour,
von Ruhe im Auto keine Spur.
So wurde ein geheimnisvoller Hebel entdeckt,
die Neugier stieg an: Was wohl dahintersteckt.
Ich konnte es in den Augen lesen,
Hochspannung war anwesend.

Meine Warnung wurde ignoriert,
dann beim Anfahren waren alle schockiert.
Es gab einen Knall,
einen riesigen Ruck auf jeden Fall.
Ich bekam einen wahnsinnigen Schreck,
mit bösen Blick ich über den Rückspiegel die Lage check.
In meiner Fantasie sah ich mein Auto geteilt in zwei,
mein Kontrollblick sagte mir, alles gut,
es sind immer noch alle dabei.
Für mich stand eine große Frage im Raum:
Was war passiert oder war es ein Traum?
Ein Hebel entdeckt,
der hatte sich versteckt,
Test und Funktionskontrolle,
nichts passiert, na, das war ja nun nicht so dolle,
Ampel auf Grün,
die Fahrt kann weitergehen,
durch den Hebel die Rückbank gelöst.
Gefühl: bei Anfahren sie davondüst ...
Durch einen kräftigen Ruck
legte sie reichlich Platz frei, ruckzuck ...
Ihnen war der Schreck anzusehen, ganz ungelogen,
der Schock war schnell wieder verflogen,
nach und nach alle herzhaft lachten,
von da an sie diese Spielereien nicht mehr machten.
Mein kleiner Flitzer war stets voll beladen,
der arme Kleine musste während der Umschulzeit viel ertragen.
Es sah bestimmt oftmals lustig aus,
aus dem kleinen Auto steigen große Männer aus.
Er war klein, wendig und fein
und lud gerne zu einer Spritztour ein.
Aber nur für mich, ganz privat,
meine Fahrgemeinschaft hatte andere Vorstellungen parat.
Mit dem Flitzer zum Fußballspiel, das war ihre Idee,
denn die Fan-Fahne ein jeder durch das Faltdach seh.
Immer wieder redeten sie auf mich ein,
mussten aber meine Antwort akzeptieren und die lautete: „Nein."

Der Twingo hatte es ihnen angetan,
sie immer wieder voller Ideen waren.
So wurde irgendwann festgestellt,
namenlos reisen wir nicht durch die Welt.
Heiße Diskussionen entbrannten,
fantasievolle Vorschläge sie nannten.
Der Flitzer sollte einen Namen bekommen,
die kuriosesten Vorschläge wurden zusammengesponnen.
So entstand die erste Idee ganz geschwind,
denn unser Kleiner mochte nicht den Wind,
wurde wie ein leerer Beutel geschubst hin und her,
sammelte all seine Kräfte und kämpfte so sehr.
Trotz des Männer-Gewichts,
schaffte er es nicht,
somit ein Name entstand geschwind,
ein Name gegeben vom Wind – Windbeutel
Ein weiterer Namensvorschlag die Fantasie belebte,
plötzlich ein Lachen im Auto erbebte.
Ein Vergleich wurde angestellt,
ein Elefantenfuß und ein Turnschuh!
Wie sich dies wohl zueinander verhält?
Verschiedene Varianten wurden genannt,
somit der Name Elefantenturnschuh entstand.
Richtig festlegen konnten wir uns nicht,
für uns war er der kleine Wicht,
der uns täglich mit guter Stimmung begleitet – juhu,
egal ob Windbeutel oder Elefantenturnschuh.

Das kleine Auto ging auf große Reise

Das kleine Auto wollte einst auf Reisen gehen,
hat bisher nicht viel gesehen,
natürlich sind wir immer mal hier und dort hin,
doch nach Größerem steht ihm der Sinn.
Er wählte sich ein großes Ziel aus
und versprach, dass er uns gut wieder bringt nach Haus.
Eine Reise quer durch das Land,
er diese Fahrt herausfordernd fand.

Wir vertrauten unserem kleinen Flitzer,
denn wir kannten uns gut, wir waren die Besitzer.
Im hohen Nordosten starteten wir dann,
nach sehr langer Fahrt kamen wir am Bodensee an.
Ein kleiner Twingo kämpfte sich durch das ganze Land,
ein jeder von uns die Fahrt sehr entspannend fand.
Voller Stolz präsentierte er sich am Ziel,
auf seiner Wunschliste stand jetzt viel.
Alles wollte er sehen
und dann mit vielen Erlebnissen nach Hause gehen.
Berge, Wald und Wasser,
hier gab's alles, nur etwas krasser.
Ein Ziel war, die Rheinfälle anzuschauen,
doch erst ließen wir uns bestaunen.
An der Grenze zur Schweiz fiel unser Kfz-Kennzeichen auf
und unsere Vorahnung nahm ihren Lauf.
Natürlich wurde erst einmal gecheckt,
wo der Ursprung unseres Kfz-Kennzeichen steckt.
Nachdem die Zollkontrolle erfolgte,
der kleine Twingo strahlend nach Schaffhausen rollte.
Die Rheinfälle konnte er selbst nicht sehen,
musste auf dem Parkplatz stehen,
doch der Wind schickte ihm eine frische Brise,
der kleine Flitzer genoss diese.
Dann entschieden wir alle drei,
dass eine kleine Schweiz-Rundfahrt jetzt wundervoll sei.
Doch leider hatten wir uns verfahren
und waren ganz verwundert, als wir wieder in Deutschland waren.
Wir gaben nicht auf
und nahmen unsere Fahrt in Richtung Schweiz wieder auf.
Erneut wir vor der Grenze standen,
wir uns auch gleich wieder in der Kontrolle befanden.
Wir wurden wieder vom Zoll durchgecheckt,
erneute Neugier bei den Beamten wurde geweckt.
Doch ganz so unbekannt war unser Ort nicht,
an der Tankstelle stellten wir fest,
dass unsere Region sogar für andere vertraut ist.
Ein ehemaliger Lkw-Fahrer kannte sich im Nordosten gut aus,

fuhr die Strecke über viele Jahre tagein und -aus.
Bewunderung kam dem kleinen Flitzer entgegen,
sich auf so eine Reise sich zu begeben.
So traten wir endlich unsere Erkundungstour an,
einmal um den Bodensee, bis wir in Lindau wieder kamen an.
Unser kleiner Flitzer, der ein echter Flachländer war,
sah dies als eine große Herausforderung
und er schimpfte hier und da.
Als er das Zwischenziel dann erreichte, er dann stolz brummte
und fröhlich schurrte und summte.
Er schon fast einen Freudentanz machte,
da er den Tunnel in Österreich bezwang
und das Ziel in der Ferne lachte.
So erkundigten wir Berge, Wald und See, Stück für Stück,
und hatten manchmal einfach nur Glück,
denn ein bisschen Übermut, tut selten gut.
Wir befanden uns auf dem Rückweg von einer Tagestour,
gut gelaunt, euphorisch und freie Strecke ... es lief einfach nur.
Es ging bergab, der Wind, der schob uns kräftig,
der Twingo schnurrte lustig, er fühlte sich mächtig.
Im Geschwindigkeitsrausch wir erst übersahen,
dass wir mit der Motorleistung schon im roten Bereich waren.
Die Geschwindigkeit stimmte mich gerade nicht froh,
das Gefühl der Angst stieg in mir so ...
Der kleine Twingo rauschte durch Raum und Zeit,
sein Ziel war nicht mehr weit,
doch plötzlich saß der Schreck ganz tief,
der Lkw neben uns heftig schwankte
und übern Rücken uns ein Schauer lief.
Das war doch alles nicht wahr,
der schwankende Lkw kam uns verdammt nah.
Die Gedanken kreisten:
„Bekommt der Fahrer das wieder unter Kontrolle?"
Wir kamen nicht weg! „Endet es jetzt hier grauenvolle?"
Das Adrenalin stieg an,
aber unser Schutzengel zeigte sich dann.
Der Lkw-Fahrer bekam sein Auto wieder in Griff
und unser Flitzer vor Freude hüpfte und ein Liedchen pfiff.

Aber der Schreck saß tief,
wir waren froh, dass alles so glimpflich ablief.

Noch viele Jahre war unser kleiner Flitzer ein treuer Begleiter,
Doch dann kam der Zeitpunkt der Trennung
und er zog ohne uns weiter.

Ines Reimer, Jahrgang 1970, lebt mit ihrer Familie in Mecklenburg-Vorpommern. Nach dem Schulabschluss erlernte sie den Beruf der Kindergärtnerin und schulte später zur Krankenschwester um. Sie liebt das Arbeiten mit Menschen und ist schon viele Jahre im psychiatrischen Bereich tätig. Aus gesundheitlichen Gründen kann sie ihre Tätigkeit nicht mehr voll ausüben und hat sich mehr und mehr ihren Gedichten gewidmet. Diese dienten anfänglich zur Verarbeitung von Sorgen, Problemen und Ängsten. Mittlerweile gibt es eine umfangreiche Sammlung von Gedichten und Geschichten aus ihrem täglichen Leben.

Der Goldschatz

Schon vor Wochen hatte ich Karen gefragt, was sie sich zu unserer Hochzeit wünscht. Und immer erhielt ich die gleiche Antwort: „Schatz, ich weiß es nicht. Mein größter Wunsch erfüllt sich doch: Wir heiraten! Was kann ich mir da noch anderes Tolleres, Schöneres wünschen? Und außerdem ist es doch noch eine Weile hin, bis zu unserer Hochzeit, da wird mir noch etwas einfallen."

Inzwischen haben wir die stressigen Hochzeitsfeierlichkeiten hinter uns – und Karen wünschte sich von mir eine Hochzeitsreise. Diesen Wunsch erfülle ich ihr natürlich sehr gern! Es sollte aber noch einen zusätzlichen sogenannten Knaller von mir geben. Lange überlegte ich. Doch dann hatte ich den Einfall, von dem ich meinte, dass Karen sagen wird: „Du bist ein Goldschatz!"

Ich besorgte noch schnell ein kleines Blümchen zum morgigen besonderen Knaller-Tag. Dann gingen wir beide zu Bett. Nicht ohne meine Frau darauf hinzuweisen, dass sie morgen ganz früh aufstehen müsse.

Der Wecker klingelt heute schon sehr früh. Karen schlummert noch süß vor sich hin, während ich schon die Frühstücksvorbereitungen treffe. Schnell noch den Kaffee und die Eier gekocht und dann Karen geweckt. Das Frühstück bekommt sie heute ausnahmsweise am Bett serviert. Nach dem ausgiebigen Knaller-Tag-Küsschen verrate ich ihr, was sie für ihr Knaller-Tag-Geschenk tun solle: „Ziehe dir bequeme und gleichzeitig schicke Sachen an. Wir machen einen Ausflug."

„Und wohin gehts?"

„Wir fahren für einen Tag nach Sylt. Einen Tag auf der Insel."

„Ich werd' ja verrückt, mit dem Autozug auf meine Lieblingsinsel!"

Das Frühstück ist eins, zwei, drei eingenommen und auch die Morgentoilette dauert bei Karen heute nicht lange. Sie ist sogar schneller fertig als ich. Und das will bei ihr schon etwas heißen!

Eine Stunde nach dem Wecken steht sie geschniegelt und gebügelt an der Haustür.

„Ich bin fertig, wir können los!", ruft sie und strahlt dabei wie ein Honigkuchenpferd.

Als wir den Parkplatz am Verladebahnhof in Niebüll erreicht haben, wird Karen ganz blass. „Die wollen alle rüber auf die Insel? Da kommen wir ja erst heute Mittag drüben an. Dann haben wir nur eine Stunde Aufenthalt und dann müssen wir uns wieder anstellen, damit wir rechtzeitig für die Rückfahrt verladen werden? Das ist ja eine schöne Pleite! Und ich wollte so gern auf dem Oberdeck des Waggons stehen."

„Nur die Ruhe, mein Häschen, ich werde das schon machen", sage ich, parke unser Fahrzeug an der Seite und steige aus.

„Wohin willst du denn?", fragt Karen ängstlich.

„Ich bin gleich wieder zurück!", rufe ich ihr noch zu, drehe mich um und gehe zum Verlademeister. Ihm schildere ich die besonderen Umstände, weshalb wir heute die Fahrt auf die Insel machen wollen, und bitte ihn ganz herzlich, uns auf das Oberdeck des Waggons zu lassen. Dann nenne ich ihm unser Autokennzeichen und die Farbe des Fahrzeugs, damit auch nichts schief geht.

Als ich zu Karen zurückkehre, sprudelt sie sofort los: „Du kannst mich doch hier nicht so einfach alleine sitzen lassen. Wo warst du denn?"

„Warte ab, mein Häschen, warte ab", bitte ich sie und starte den Motor. Ich kurbele am Lenkrad unseres Fahrzeugs und fahre in eine noch leere Abfertigungsreihe.

Langsam weicht Karens Erregtheit über meine kurze Abwesenheit zugunsten der wieder aufblühenden Freude über die bevorstehende Zugfahrt. Ungeduldig zappelt sie auf ihrem Sitz hin und her. Erneut stelle ich den Motor aus. Und wieder beginnt das Warten. Es vergehen keine zwei Minuten, in denen sie nicht mindestens einmal fragt, wann es denn nun endlich losgeht.

Etliche andere Urlauber, die gesehen hatten, wie ich unser Fahrzeug auf die leere Abfertigungsreihe gesteuert hatte, wollen nun auch in diese Reihe einfahren. Sie werden aber umgehend vom Personal des Verladebahnhofs zurückgewiesen und müssen in ihre ursprünglichen Reihen zurückkehren. Jetzt heißt es für sie allerdings: wieder hinten anstellen.

Dann ist es so weit! Der Verlademeister winkt uns zu, dass wir jetzt den Motor starten und langsam unsere Fahrt aufnehmen sollen.

„Jetzt pass auf!", sage ich mit einem kurzen Seitenblick zu Karen. Auf Weisung des Verlademeisters fahre ich auf der Spur, die uns direkt auf das Oberdeck des Autozuges führt. Eine kurze Steigung, eine enge Kurve, ein kräftig schepperndes, metallisches Geräusch und oben sind wir. Karen, ich und unser Auto auf dem Oberdeck des Zuges, der uns auf die Insel Sylt bringen soll.

Weil ich das erste Fahrzeug steuere, das bei dieser Überfahrt auf dem Oberdeck steht, müssen wir die ganze Zuglänge bis zum Wagenmeister an der Spitze des Zuges zurücklegen. Jedes Ende eines Waggons und gleichzeitig jeder Beginn eines weiteren wird durch Klappern und Poltern von Metallbodenplatten begleitet. Und immer hoffe ich insgeheim, dass doch bitte das Material wenigstens unser Auto noch sicher trägt.

Und Karen? Sie strahlt. Ein Hochzeitsreise-Knallerausflug nach Sylt mit dem Autozug, auf dem Oberdeck und dann auch noch ganz vorn, toll, einfach toll.

„Weißt du, mein Schatz, woran ich mich jetzt erinnere?", fragt sie mich.

„Nein, aber du wirst mir das bestimmt gleich verraten."

„Das erinnert mich an unsere Verlobungsreise. Die haben wir doch auch nach Sylt gemacht. Weißt du noch, was ich damals als das Schönste empfunden hatte?"

„Ist zwar noch nicht so lange her, und Männer vergessen ja schneller etwas als Frauen, wie du immer sagst, aber das weiß ich noch. Du hattest es damals als das Schönste empfunden, als der Zug so etwa auf der Hälfte der Strecke stehen blieb und auf den Gegenzug wartete, damit dieser auf der eingleisigen Strecke an uns vorbeifahren konnte. Stimmt's?"

„Genau richtig, mein Schatz. Vielleicht klappt's heute auch wieder", strahlt sie mich mit großen Augen an.

Die Beladung des Zuges nimmt noch eine gehörige Zeit in Anspruch, aber dann ist es so weit. Der Zug setzt sich mit einem leichten Ruckeln in Bewegung.

Wir haben den Verladebahnhof noch nicht ganz verlassen, hat Karen schon ihr Fenster zur Hälfte geöffnet. „Wenn wir nachher – hoffentlich – auf der Hälfte der Strecke stehen, dann öffne ich das Fenster ganz", sagt sie und stellt jetzt die Rückenlehne ihres Sitzes so weit zurück, dass sie gerade noch aus dem Fenster schauen kann.

Abgestellte Autotransport-Waggons stehen auf dem Bahnhof und warten auf ihren Einsatz. Vereinzelte Bahnmitarbeiter sind bemüht, die Waggons zu endlos erscheinenden Zügen zusammenzustellen. Bald haben wir den Bahnhofsbereich verlassen und fahren jetzt auf der Strecke direkt auf unser Ziel, die Insel Sylt, zu.

Dann verlangsamt der Zug nach und nach sein Tempo und kommt auf der extra eingerichteten Ausweichstelle zum Stehen. Unverzüglich öffnet Karen ihr Fenster ganz und bittet mich, ebenfalls das Fenster auf meiner Seite herunterzulassen. Schließlich werde ich noch gebeten, auch das Schiebedach unseres Wagens zu öffnen.

Gesagt, getan.

Karen verstellt anschließend die Rückenlehne ihres Sitzes ganz nach hinten, sodass sie fast neben mir liegt.

„Ist das nicht traumhaft? Oben der strahlendblaue Himmel, dazu das Blöken der Schafe, der leichte Wind, die Ruhe? Ich fühle mich wie im Himmel", flüstert sie so leise, als wolle sie weder Tiere noch Natur erschrecken.

Plötzlich streckt Karen ihre Arme aus, zieht an meinem rechten Unterarm und meiner linken Schulter und schafft es doch wirklich, mich über die Mittelkonsole des Wagens zu sich herüberzuziehen. Sie drückt mich und erst nach einem sehr langen Kuss lässt sie mich wieder los und haucht mir ins Ohr: „Du bist mein Goldschatz. Von mir aus braucht der Zug nicht weiterzufahren."

Doch wie nicht anders zu erwarten, kommt bald der Gegenzug von der Insel und saust mit gehörigem Tempo Richtung Festland an uns vorbei. Karen meint, dass der Zug sich ruhig eine gehörige Verspätung hätte leisten können, so schön ist es hier.

Erst langsam, dann immer schneller werdend macht sich unser Zug auf den Weg, um pünktlich in den Bahnhof Westerland einzufahren. Wieder stehen unzählige Waggons auf dem Bahngelände und warten darauf, ebenfalls Autos und Gäste von der Insel wieder zurück auf das Festland zu bringen.

Ich krabbele umständlich zurück auf meine Fahrerseite. Karen bringt ihre Rückenlehne r in die aufrechte Position und schließt auch das Fenster.

Große Reklameschilder machen auf Unterkünfte und Restaurants aufmerksam und jeden Augenblick wird der Zug zum Stehen kommen.

Das Entladen des Zuges verursacht natürlich wiederum die klappernden Geräusche wie beim Beladen. Gleich haben wir wieder festen Boden unter den Füßen, besser gesagt – unter den Reifen.

Karen darf heute, an unserem Knaller-Ausflugstag, bestimmen, wo wir essen gehen und welchen Teil der Insel wir uns ansehen werden.

Beim Mittagessen im schönsten Restaurant des Ortes rückt sie plötzlich ganz dicht an mich heran. Sie zieht ganz vorsichtig an meinem Ohr und wispert: „Aber wo wir jetzt sind, das verraten wir niemanden. Ich möchte doch nicht, dass du mir gestohlen wirst. Wer sich ein so tolles Geschenk einfallen lässt, der kann doch nur ein Goldschatz sein. Und einen Goldschatz gibt man niemals wieder her."

Charlie Hagist wurde 1947 in Berlin-Steglitz geboren. Nach Grund- und Oberschule absolvierte er eine Ausbildung zum Bankkaufmann. Während seiner Tätigkeit in der Personalabteilung des Hauses bildete er sich zusätzlich zum Personalfachkaufmann (IHK) weiter. Ehrenamtlich war er als Richter am Amtsgericht Berlin-Tiergarten, am Sozialgericht Berlin und danach am Landessozialgericht Berlin tätig. Charlie Hagist ist verheiratet, hat einen Sohn.

Tierisches Cabrio

„Mensch, Oma, sag du doch auch mal was dazu!"

„Was soll ich denn dazu sagen, Kindchen?"

Lisbeth schälte weiterhin die Kartoffeln für das Mittagessen. Sie war spät dran, ihr Yoga-Kurs hatte heute etwas länger gedauert als sonst und nun war sie unter Zeitdruck. In knapp einer dreiviertel Stunde würde Wilfried schon mit den Nachbarn zum Essen reinkommen. Die Männer bauten gemeinsam ein neues Carport mit Schuppen und alle Helfer wurden während dieser Arbeitsphase verköstigt. Das gehörte sich so. Der Hackbraten im Backofen war schon fast fertig. Fehlten nur noch Kartoffeln, Gemüse und ein Salat.

„Oma!"

„Ich finde dein Vorhaben … nun ja, ich finde es nicht richtig!"

„Also ganz ehrlich, es ist mein Geld. Und was ich davon kaufe, ist meine Sache. Mama und Papa mischen sich voll ein. Ich sage den beiden doch auch nicht, der neue Fernseher ist total überflüssig. Kein Mensch guckt mehr Filme in der Flimmerkiste. Wozu gibt es Netflix und Co?"

Lisbeth schaute ihre Enkelin, die auf der Küchenbank hockte, besorgt an. „Du bist achtzehn Jahre alt und hast einen Führerschein. Oder sagt man eine Fahrerlaubnis? Egal! Und du hast eigenes Geld – von Uropa Friedrich geerbt. So weit, so gut. Die Rahmenbedingungen stimmen also, aber deshalb muss man noch lange nicht unvernünftig werden. Hobel bitte mal diese drei Gurken für den Salat. Opa und die Nachbarn kommen bald zum Mittagessen."

Jule fing an, die Gurken zu hobeln, und Lisbeth holte Joghurt und Zitrone für die Salatsoße.

„Weißt du, Oma, mit so einem offenen Cabriolet im Sommer mit wehenden Haaren durch die Landschaft zu fahren, das ist einfach unbeschreiblich toll. Und die Augen der blöden Ziegen in meiner Klasse, auf die freue ich mich jetzt schon."

„Okay, dann brauchst du solch ein Auto, um zu imponieren, um Neid hervorzurufen, um …"

Weiter kam sie nicht, denn Jule nölte genervt dazwischen. „Oh Oma, das verstehst du nicht. Die sind so doof. Und nun kann ich ihnen endlich mal eins auswischen. Die werden sich wie blöd ärgern."

„Hör zu, Jule, ich kann verstehen, dass du ein Auto haben möchtest. Vor allem hier bei uns auf dem Land, wo kaum Busse fahren. Aber muss es gleich ein nagelneues Auto sein? Du solltest erst einmal mit einem gebrauchten Wagen Fahrpraxis sammeln. Wenn das Auto dann hier und da mal eine Beule oder ein paar Kratzer und Schrammen bekommt, ist das nicht ganz so ärgerlich."

Jule schüttelte den Kopf und hobelte aggressiv die restlichen Gurken. Aber sie wollte noch nicht aufgeben, zumal sie sich erhoffte, wenn sie Rückendeckung von ihrer Großmutter bekam, dass dann auch die Eltern ihrem Vorhaben zustimmen würden.

„Es geht mir nicht bloß um diese drei Zicken in meiner Klasse. Es geht mir auch um das wunderbare Fahrgefühl bei so einem Cabrio. Und du sagst doch immer, man soll auf das eigene Gefühl hören. Aber was rede ich da, das Gefühl von Fahrtwind in den Haaren kennst du wahrscheinlich nicht!"

„Kindchen, Kindchen, ich gehe zwar auf die Siebzig zu, war aber auch mal jung! Warte, ich hole schnell ein Fotoalbum. Dann kannst du mein erstes Auto anschauen. Schneid du inzwischen auch noch diese Zwiebel klein."

Keine fünf Minuten später kam Lisbeth mit einem Fotoalbum zurück und grinste von einem Ohr zum anderen. „Hier, schau her! Das war mein erstes Auto."

Jule beugte sich über die Fotos und prustete los. „Was ist das denn? Das Auto hat ja kein Dach. Das ist ja auch so eine Art Cabriolet."

„Man konnte das Dach zwar nicht per Knopfdruck zurückschieben, aber mit wenigen Handgriffen war es nach hinten verstaut. Und so bin ich dann mit wehenden Haaren durch den heißen Sommer gebraust."

Großmutter und Enkelin beugten sich über das Fotoalbum und mussten über das ein oder andere Foto herzhaft lachen. Die abgebildeten Männer trugen lange Haare und die Frauen Miniröcke. Jule sah ihre Oma an und sagte dann ganz ernst: „Oma, du warst als junge Frau sehr, sehr schön …, also, du bist jetzt im Alter auch noch schön, so meine ich das nicht, halt altersschön …, aber als junge Frau … wow – einfach klasse!"

„Danke, mein Schätzchen! Dann hast du dein Aussehen wohl von mir und deiner Mama geerbt."

„Danke zurück! Aber sag mal, dieses witzige Auto … war das dein erster Wagen?"

Lisbeth musste kichern. Sie erinnerte sich daran, wie sie zu genau diesem Wagen gekommen war. All ihre Freunde, die damals von den alten Menschen *Hippies* genannt wurden, fuhren ganz bestimmte Automarken. Das war ein Muss. Und man ging für Reparaturen nicht in eine Autowerkstatt, sondern man hatte einen ganz persönlichen Schrauber, der den verrosteten Boden mit einem entsprechenden Blech wieder zuschweißte oder das kaputte Pleuellager auswechselte oder … ach, davon verstand die junge Frau an ihrer Seite eh nichts.

„Weißt du, Jule, ich hatte das Auto schon, noch bevor ich einen Führerschein hatte. Die Fahrstunden liefen sehr gut und es war abzusehen, dass ich bald die Fahrprüfung machen konnte. Und da sah ich eines Tages, als ich gerade von meinem Ferienjob nach Hause kam, dieses Auto auf der Einfahrt zu Bäcker Hansen. Mit den Schild *Zu verkaufen* an der Seitenscheibe. Ich gleich rein in den Laden und fragte nach, wem das Auto gehören würde, was es kosten sollte … Frau Hansen erzählte mir, sie sollte das Auto für ihre Nichte verkaufen. Mir erschien der Preis nicht zu hoch und so überprüfte ich zu Hause gleich meine Ersparnisse, bat meine Eltern um Unterstützung und lieh mir in den kommenden Tagen bei allen Freunden Geld, sodass ich die Kaufsumme irgendwie zusammenbekam. Der Deal war dann auch kurz darauf perfekt."

„Oma, du durftest dann sicher bald damit fahren, oder?"

„Leider nein, denn ich fiel durch die Fahrprüfung. Sogar zweimal! Außerdem kam dann noch der erste Frost dazu und ich durfte nicht so häufig Fahrstunden nehmen. Der Fahrlehrer war so wahnsinnig besorgt. Das Ganze zog sich noch Wochen, wenn nicht sogar Monate hin. Ich weiß es nicht mehr genau! Aber als ich endlich fahren durfte, war ich total happy mit meiner Ente!"

„Hm, wieso Ente?", fragte Jule irritiert.

„Tja, dieses Auto war ein Citroën 2CV, wurde aber von fast allen wegen seiner witzigen Form *Ente* genannt. Das Fahren mit meiner Ente machte mir und allen, die ich mitnahm, immer tierischen Spaß. Vor allem im Sommer, wenn wir mit lauter Musik zum Badesee fuhren und ich vorher das Autodach nach hinten weggeklappt hatte. Also, erzähl du mir nicht, das Gefühl von Fahrtwind in den Haaren würde ich nicht kennen."

Jule sprang von der Küchenbank auf, umrundete den Tisch und stürmte auf ihre Großmutter zu. Beide mussten lachen und umarmten sich nun herzlich.

„Dann kannst du mich doch verstehen, Oma! Ich möchte so gern dieses Cabriolet haben. Schau mal auf mein Smartphone, da hab ich ein Foto, auf dem kann man …"

„Halt, Jule! Ich kann deinen Wunsch nach einem Auto verstehen, aber ich halte es nicht für richtig, dass es ein neues sein muss. Also: Auto, sprich Cabrio: ja. Aber neu: nein!"

Die Enkelin zog zwar eine Schnute, meinte dann aber versöhnlich: „Ich werde es mir überlegen. Vielleicht …"

Plötzlich ging die Tür auf und Wilfried kam mit den Nachbarn herein. Wilfried gab seiner Frau einen Kuss auf die Wange. „Na ihr beiden, hier riecht es aber lecker. Was gibt es denn?"

Großmutter und Enkelin sahen sich schuldbewusst an. „Ich denke, ihr Männer spielt noch eine Runde Karten und trinkt erst einmal was – vielleicht sogar ein Bier – und in einer halben Stunde bekommt ihr leckeren Hackbraten präsentiert. Jule und ich waren so mit dem Thema erstes Auto beschäftigt, da haben wir die Kartoffeln vergessen. Sorry!"

Sonja Dohrmann, *1961 geboren, wuchs mit vier Geschwistern unweit des niedersächsischen Teufelsmoores in einem kleinen Dorf auf. Später zog es sie nach Hamburg, wo sie unter anderem Germanistik studierte und anschließend als Berufsschullehrerin arbeitete. Vor knapp zehn Jahren entdeckte sie das literarische Schreiben für sich, seitdem wurden schon einige ihrer Texte veröffentlicht. 2019 erhielt sie den Gerd-Lüpke-Preis (1. Platz), 2020 den Nordhessischen Literaturpreis „Holzhäuser Heckethaler" (1. Platz), 2023 den Klaus-Groth-Preis (2. Platz) sowie beim Landschreiber-Wettbewerb in der Sparte Mundart auch den 2. Platz. Sie ist seit 2017 ehrenamtlich in der Redaktion des „Quickborn - Zeitschrift für plattdeutsche Sprache und Literatur" tätig. Mit ihrem Mann lebt sie im Süden der Hansestadt Hamburg.*

Autotraum

Der Autotraum eines jeden Kleinkindes: ein Bobby-Car! Damit, mit dem Rutschauto, durchs Kinderzimmer und die ganze Wohnung düsen – angetrieben mit den eigenen Füßen. Die eigene Körperkraft, das ist der Motor! Sportlich und bewegungsfreudig ins Leben gestartet, geht es auch erst mal weiter so. Denn schon bald kommt ein Dreirad hinzu. Nun draußen vor der Haustür hin und her fahren. Und dann kommt oft ein besonderer Autotraum vieler Kinder auf – nicht nur von Jungs, sondern auch von dem ein oder anderen Mädchen: Ein Kettcar beziehungsweise Gokart soll es sein! Das Auto eines Kindes! Und nun: immer wieder Kartrennen fahren. Und vor allem natürlich auch: Seifenkistenrennen einmal im Jahr – und das Jahr für Jahr. Einfach Spaß dabei haben, steht hier alle Zeit immer wieder im Mittelpunkt.

Die Jahre vergehen … Das Kind wird immer größer und älter … Im Laufe der Zeit kommen so immer mehr Fortbewegungsmittel hinzu: oftmals auch Skateboard und Inlineskater und vor allem natürlich ein Fahrrad.

Doch eine Sache haben sie alle gemeinsam: Der junge, aktive, gewillte, rege und energiegeladene Mensch ist der Antriebsmotor! Man kommt nur so weit, wie die eigene Körperkraft es zulässt … Mehr als Kurzstrecken vor der Haustür, innerorts oder vielleicht noch bis zum nächsten Nachbarort sind oft nicht drin. Da geht einem doch recht schnell die Puste aus.

Drum der Traum aller Jugendlichen: Etwas Motorisiertes soll es sein! Ein E-Scooter oder gar ein Mofa! Damit legt man zwar auch noch keine größeren Strecken zurück, doch man wird von diesem motorisierten Ding wenigstens gefahren und schont die eigene Körperkraft. Doch gerade Mofafahren hat einen kleinen Haken: Es zu können, bedeutet nicht, es auch zu dürfen. Dafür braucht man nämlich eine Fahrerlaubnis … Die Sache mit dem Mofafahren ist dann schon ein bisschen Vorgeschmack auf das Auto der Erwachsenenwelt.

Nun der ganz große Autotraum, der Autotraum aller Autoträume nahezu aller Heranwachsenden und Erwachsenen: Ein richtiges Auto soll es sein!

Jetzt wird es aber so richtig ernst. Denn dafür muss erst mal der Führerschein her. Ist diese Hürde überwunden, ist dieser bezahlt und bestanden und auch die Altersgrenze erfüllt, darf es endlich ein richtiges Auto sein. Aber es muss ja jetzt noch nicht unbedingt das schönste, coolste, teuerste und neuste Automodell sein. Hauptsache, ein Auto! Mit ganz viel Glück sogar ein eigenes Auto!

Aber Hauptsache erst mal überhaupt Autofahren dürfen! Endlich hinaus in die große, weite Welt kommen, überall hinfahren dürfen! Im Erwachsenenalter einfach einen maschinellen Motor starten, aufs Gaspedal treten und schon geht es mit Karacho los! Einfach losbrettern und durch die Welt düsen. Sich dabei genüsslich auf dem Autositz zurücklehnen und es sich so richtig gemütlich machen. Nun nahezu gänzlich der körperlichen Passivität und Faulheit erlegen. Und einfach ganz viel Freude haben am Autofahren. Lange Strecken nahezu problemlos bewältigen können – hoffentlich aber mit genügend Benzin und Geld …

Juliane Barth, Jahrgang 1982, lebt im Südwesten Deutschlands. Sie schreibt als Hobby seit jeher sehr gerne, u. a. Gedichte, Kurzgeschichten und Sachtexte. Veröffentlichungen in diversen Anthologien: sacrydecs. hpage.com.

Auf all die Jahre

Wenn ich von meinem Auto erzählen soll, dann fühle ich mich wie eine Malerin vorm weißen Blatt. Ich kriege nichts zustande. Und würde ich einen Kreis malen, der ja bekanntlich einem Reifen ähneln sollte, so würde ich selbst dann kläglich scheitern. Es ist hoffnungslos – genau wie mein Auto.

Vielleicht aber ist genau diese Hoffnungslosigkeit der Grundstein meiner Erzählung. Würde ich über meine Zimmerpflanzen schreiben, so sehe ich das hoffnungslose, grüne Elend in dramatischer Krummhaltung auf der Fensterbank sitzen und damit wäre die Geschichte auch schon vorbei.

Bei meinem Auto hingegen schöpft die Hoffnung schon seit seiner Geburt aus einer sprichwörtlich unendlichen Hoffnungslosigkeit. Grundsätzlich habe ich bei meinem Auto das Gefühl, mit einem männlichen Wesen meiner Vergangenheit verschwistert und in Dauerschleife verheiratet und geschieden zu sein, denn damalig muss das Wort Hoffnung klein gedruckt in Schriftgröße 5 auf der Rückseite des Kaufvertrages gestanden haben.

Zugegebenermaßen habe nicht ich diesen unterzeichnet, sondern freundlicherweise meine Eltern. Ich habe es sozusagen zu meinem 18. Geburtstag adoptiert. Nun ist mein Auto dreizehn Jahre alt und ein lebendiges Déjà-vu, denn eigentlich hatte ich es ein halbes Jahr vorher in Gold als Sonderedition gesehen und mich schockverliebt. Es war so schön unkompliziert, kantig, ohne viel Drumherum, mit dem Wesentlichsten versehen und mit Verstand eingerichtet. Kein lästiger Schnickschnack, goldgebrannt, nicht zu groß, nicht zu klein, nicht zu rund und auch kein Smart. Eben wie mein Traummann.

Die Rede ist von einem Hyundai I 10. Ein halbes Jahr später, nachdem ich den Kaufpreis-Schock vom scheinbar Blattgold übertünchten Auto überlebt hatte und ich meinen Führerschein in den Händen hielt, stand es vor der Tür. Na ja, was soll ich sagen, fürs Blattgold hat es nicht gereicht und genauso langweilig stand es nun vor mir. Der Satz meiner Eltern: „Jetzt kannst du in den Freistunden immer schnell nach Hause fahren zum Hundesitten", wurde zu einer lebhaften Ironie des Schicksals.

Und so befand ich mich fortan in dem Genuss, ein schwarzes Biest zu fahren, das sich über meine Adoption so sehr freute, dass sie mit einem Hauswand-Knutscher und einer fetten Werkstattrechnung besiegelt wurde. Hoffnung selbstverständlich wieder klein gedruckt. Das Zusammenleben fing schon einmal hervorragend an. Wenige Wochen nach dem teuren Einstand meines Autos machte ein männliches Wesen meinem Auto deutlich Konkurrenz und so war der Machtkampf um mein Herz entfacht.

Ich war zu Besuch bei meinem damaligen Freund und es war mitten in der Nacht, als ich wieder aufbrechen wollte. Nichts ahnend schlenderte ich liebesbeschwipst zum Auto, knallte die Tür hoch hinaus auf Wolke 7 und fuhr herzerwärmt los. Ich kann mich nicht erinnern, was im Radio lief, aber mein Auto war keineswegs so freudig erregt wie ich, als dass es mich Liebespsalmen hätte hören lassen. Ich fuhr eine Ewigkeit, als es mit einem Mal ruckelte und mein Herz stolperte. Grinsend und quietschend schaute ich in den Innenspiegel, schmiss mein Haar zurück und machte einen Kussmund in Richtung Spiegel meines Selbsts.

Ich lernte an diesem Abend die Eifersucht und Rache meines Autos im Stundentakt kennen. Mein Herz stolperte immer mehr und als ich Sorge hatte, an Herz-Rhythmus-Störungen auf offener Straße zu sterben, kurbelte ich die Scheibe runter, schnappte frische Luft und musste mir eingestehen, dass ich vor lauter Herzpolterei nicht einmal hundert Meter weit gekommen war. Ich stoppte, startete erneut und fuhr langsam vorwärts. Es war eh nur eine Dreißiger-Zone und so rollte ich im Schritttempo auf die Kreuzung zu, schaute links und rechts und bog nach links ab. Zwei Spuren galt es zu überwinden, aber mein Auto streikte. Mitten auf der Kreuzung wurde aus den Pferdestärken ein bockiges Pferd. Etliche Male versuchte ich, es weiter zu bringen, und gerade über die Kreuzung kommend, hatte ich die Nase voll. Um zwei Uhr nachts klingelte ich meine Eltern aus dem Bett und bestand darauf, dass sie dieses bockige, ruckelige, hässliche und eifersüchtige Mistvieh abschleppten.

Und siehe da, keine halbe Stunde später, fuhr das Auto wie geschmiert, streckte mir die Zunge raus, blinkte mir blinzelnd zu und bedankte sich per Warnblinklicht bei meinem Vater, sodass mir allein vom Anblick seiner gehässigen Rückseite schlecht wurde. Aber die Hoffnung stirbt ja bekanntlich zuletzt und so war die Taufe meines adoptierten, schwarzen, buckligen Elends auf den Namen *Quasimodo* amtlich.

Nachdem das Nachtdrama meinem Freund erläutert wurde, dieser mich als blonde, hoffnungslose Frau abstempelte und ich ihm den Laufpass gab, waren die Fronten geklärt und mein Autofrieden wieder hergestellt.

Drei Jahre lang zählten also Hundesitten, wilde Maus mit Quasimodo fahren und männlicher Konkurrenz Lebewohl sagen zu meinen Hobbys. Nach dieser anfänglichen Geschwisterliebe folgte dann jedoch die Versöhnung und wandelte sich in Liebe, sofern Hassliebe auch dazu zählte. Ich begriff, dass ich es ähnlich wie in der Uni machen musste. Professoren, die ich nicht mochte, waren wie mein Auto und solche musste man lieben, um sie hassen zu können, schließlich wollte ich gute Noten und ein funktionierendes Auto. Also streichelte ich Quasimodo zärtlich nach jeder Fahrt, hauchte ihm Küsschen zu, sprach liebevoll mit ihm wie mit meinem Möchtegern-Freund, gab ihm weiterhin die Schuld, wenn er nicht so wollte wie ich und schob es letztendlich einfach immer auf seinen Namen oder auf alle anderen.

Nach etlichen Jahren, in denen er sich als Champion der vierhundert Meter Distanz einen Namen als Lieblingsauto gemacht hatte, ging es für uns beide erstmals auf große, weite Reise. Die Konkurrenz schlief eben nicht und so wurde aus vierhundert Metern schließlich Kilometer. Was soll ich sagen, er hat es überlebt, ich auch, sein Name war Programm und ich hatte einen Grund mehr, meiner Familie zu sagen, dass der Richtige einfach noch nicht dabei war.

Im Gegensatz zu meinen Zimmerpflanzen, die Party feiern und zum Leben erweckt werden, wenn ich verschwinde, freute sich Quasimodo über jede Langstrecke, die wir machten und so besuchten wir viele Orte und ich nahm ihn fortan überall mit hin. Er begleitete mich zur Uni, bot mir ein Schlafzimmer, wenn der nächste Stau nahte oder die unendliche Weite siegte, und wir wurden zu einem Herz und einer Seele. Dieses Jahr war er sogar beim Nürburgring, vorerst als Zuschauer, aber da ich einen Rennautoreifen ergatterte, ist das Band der hoffnungsvollen Hoffnungslosigkeit der Ewigkeit besiegelt. In vier Jahren haben wir alle vier Rennautoreifen, dann kann er üben. Und wenn er ein Oldie ist, dann fahren wir beim Nürburgring mit. Bis dahin schwindet der Hass immer mehr einer gegenseitigen Liebe, seit fünf Jahren sind wir nun glücklich verheiratet, ich brauche keinen Traummann, denn den habe ich schon und Hoffnung wird mittlerweile großgeschrieben. Zumindest so lange, wie er nicht zum TÜV muss oder an zu langen Ampeln die Geduld verliert. Aber dann spreche ich eher zu mir selbst, dass er an Altersschwäche leidet und er pflegebedürftig oder ein hoffnungsloser Fall ist.

Neuerdings wurde er befördert und kriegt jetzt sogar zweimal im Jahr einen neuen Anzug mit Perlglanz-Effekt und wer weiß, vielleicht treffe ich meinen Traummann beim nächsten Carwash. Denn bei all den Macken, seinen Wandlungen und unseren Erlebnissen ist eines jedoch geblieben. Er ist und bleibt mein einziger, wahrer Quasimodo.

Ann-Kathleen Lyssy, geboren 1993 in Helmstedt, arbeitet seit ihrem Studium der Landschaftsarchitektur als Gartenplanerin in Ostfriesland. Nach einigen Veröffentlichungen in Anthologien studiert sie seit 2021 Literatur im Fernstudiengang Kulturwissenschaften.

Entdecke die Magie von Halloween mit unseren Malbüchern für Kinder oder Erwachsene: „Wo die wilden Geister wohnen ..."!

Tauchen Sie ein in eine Welt voller schrecklicher Kreaturen, mystischer Landschaften und zauberhafter Szenerien. Ob Hexer, Geister oder Kürbisse – jede Seite dieses Malbuchs lädt Sie ein, Ihrer Kreativität freien Lauf und den Alltagsstress hinter sich zu lassen – mal entspannt heiter, mal gruselig grausam. Mit detaillierten Illustrationen und abwechslungsreichen Motiven bietet beide Malbücher altersgerecht sowohl erfahrenen Künstlern als auch Einsteigern die perfekte Möglichkeit, sich zu entspannen und in die faszinierende Atmosphäre von Halloween einzutauchen.

Greifen Sie zu Ihren Lieblingsfarben und lassen Sie sich von der düsteren Schönheit und den unheimlichen Geschichten inspirieren, die in jedem Bild verborgen liegen.

Nanja Holland
Wo die wilden Geister wohnen ...
Halloween-Malbuch für Erwachsene: ISBN: 978-3-99051-283-8
Halloween-Malbuch für Kinder: ISBN: 978-3-99051-284-5

Rätselspaß:

Entfessle deinen Geist!

Nanja Holland:
Schrauber-Rätsel
Kniffliger Ratespaß für Autofreaks

ISBN: 978-3-96074-846-5
Taschenbuch, 140 Seiten

Ultimatives Rätselbuch für echte
Autonarren!

Bist du bereit, nicht nur deinen Motor, sondern auch dein Gehirn auf Hochtouren zu bringen?

Mit „Schrauber-Rätsel: Kniffliger Ratespaß für Autofreaks" kombinierst du die Leidenschaft für PS-starke Maschinen mit einer Portion Denksport, die garantiert für rauchende Köpfe sorgt. Dieses Buch ist das ultimative Geschenk für Männer (und natürlich Frauen), die nicht nur in der Werkstatt, sondern auch am Schreibtisch gerne an ihre Grenzen gehen. Hier erwarten dich knifflige Kreuzworträtsel, spannende Zahlenrätsel, herausfordernde Sudokus und trickreiche Zahlenpyramiden, die dich garantiert auf Trab halten, während du auf den nächsten Boxenstopp wartest. Aber das ist noch nicht alles – zwischen den klassischen Rätseln findest du auch Rätselfragen und Scherzfragen, die nicht nur dein Wissen über Autos, sondern auch deinen Humor auf die Probe stellen.

Schnapp dir deinen Schraubenschlüssel, ein kühles Getränk und lass die Denksport-Session beginnen!